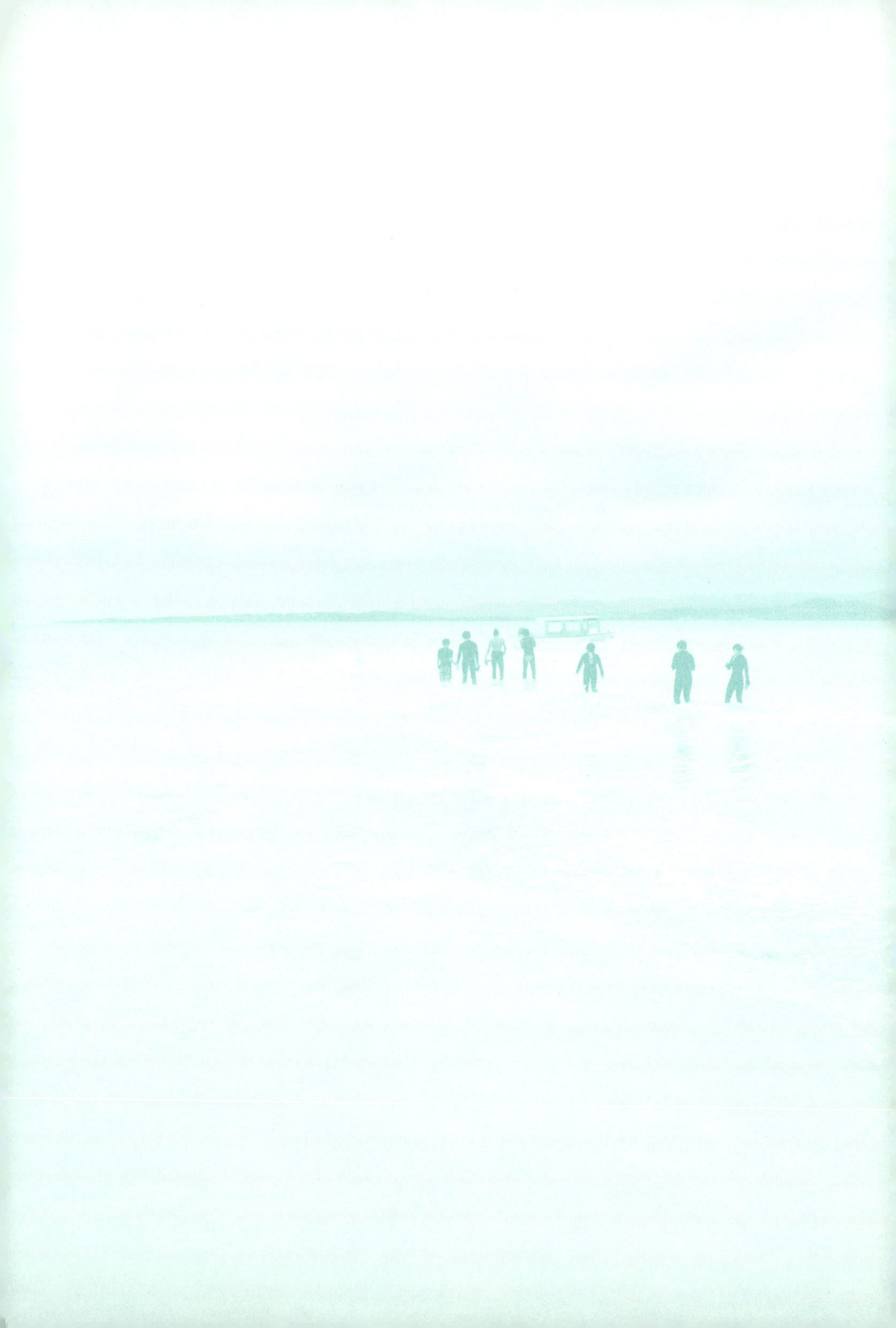

日本でできる
28の夢のような体験

大人のアクティビティ!

小林 希

プロローグ

ここは、本当に日本だろうか？

朝陽が雲間から顔を出し、鏡のように凪いだ海面に足元から一面空が映り込んで、まるで羽が生えて空を飛んでいるみたい。以前旅した、ボリビアのウユニ塩湖みたいだけど、もっとノスタルジックで優しく、静寂な世界。私は日本の南の島、西表島《いりおもて》にいました。

私は普段、東京を拠点に暮らしていますが、7年前に世界放浪の旅をした後、日本のあちこちが気になって、何かに導かれるまま、島や海、山へと足を運ぶようになりました。自宅を一歩飛び出せば、「非日常」を幾度となく体験し、そのたびに心は躍動。子どものように無邪気にはしゃいだり、日々の疲れを癒したり。気づけば、全身の細胞が踊り出すように元気になっていくのです。

各地に残る寺社仏閣や伝統行事、ありのままの雄大壮麗な自然、そこに生きる様々な動物たち……。日本の美しさと奥深さがそこにはあり、改めて世界でも稀なる色彩豊かな顔をもつ、この国の〝すごさ〟を実感しました。そして忘れてはならないのが、その土地や自然、文化を愛する案内人や地元の方々との出会いです。彼らは力強く、ぐいっと、私たちをまだ見ぬ世界へ連れていってくれます。扉を開けた後に広がるのは、夢のような世界。「こんなに素敵な日本を知らなかったなんて！」と、何度思ったことでしょう。

本書では、私が数年にわたって実際に体験した、日本各地の素晴らしい世界をご紹介します。日々忙しく、感動することから少し遠ざかっている大人のみなさんが、楽しんでくださることを願って。

さあ、その扉を開いて、一緒に冒険へでませんか？

小林 希

一面を覆いつくす、オホーツク海から流れてきた流氷。ザクザクと音を立てて歩き、気分は南極探検隊。

» P32

菜の花畑をゆくレストラン列車。
のどかな風景を眺め、地元の食
材でつくられた料理を堪能。

» P118

自然とアートが融合した、芸術トンネル。世界的な建築家が手掛けた空間で、異次元へと誘われる。

» P130

CONTENTS

大人のアクティビティ！

日本でできる28の夢のような体験

NATURE

大自然を体感編

CONTENTS

大人のアクティビティ!

日本でできる28の夢のような体験

CULTURE & HISTORY

日本の文化と歴史を体験編

EXTRAORDINARY

非日常の世界へ 編

本書の使い方

本書では日本国内でできる様々なアクティビティを紹介しています。
体験してみたいアクティビティが見つかったら、
予約の要不要などを確認して、旅の準備を始めましょう。

※本書に掲載されている情報は2019年5月現在のものです。アクティビティ情報は変更となる場合がございます。

ACTIVITY »

思いっきり身体を動かす編

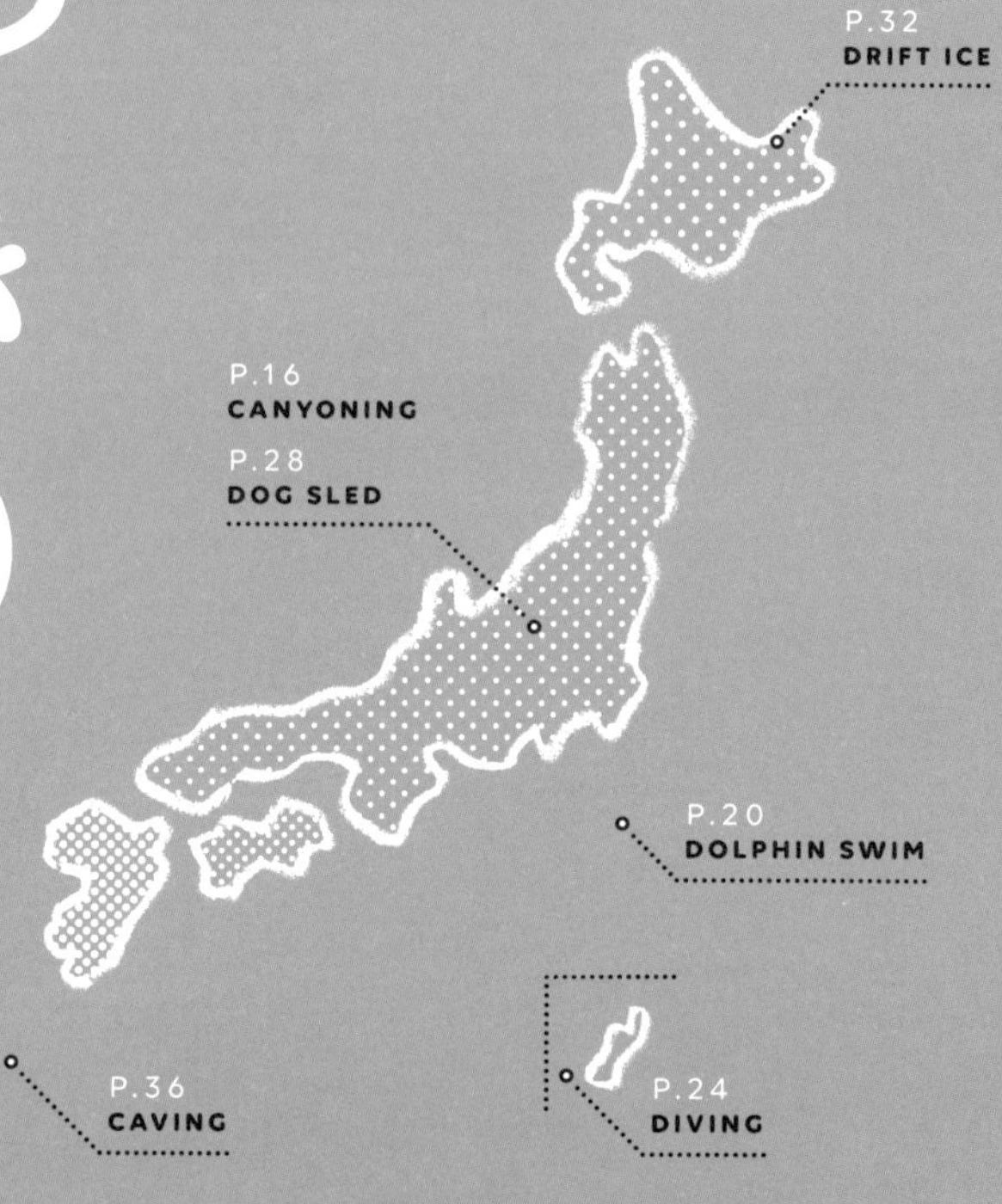

AREA » 四万川

思いっきり身体を動かす

清らかな青い川、四万ブルーの世界でキャニオニング

» 群馬

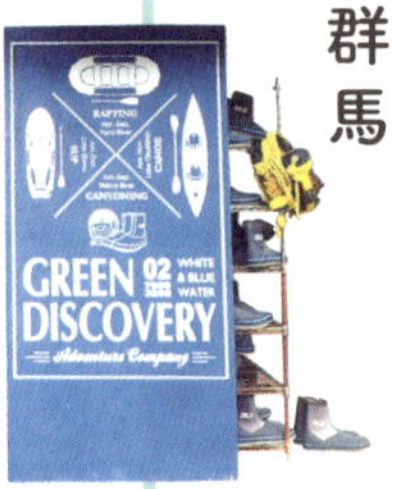

体験時期　6～9月

1月　2月　3月　4月　5月　6月　7月　8月　9月　10月　11月　12月

2時間半

13歳以上

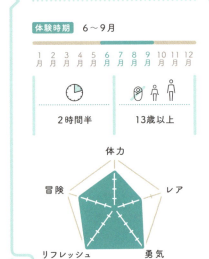

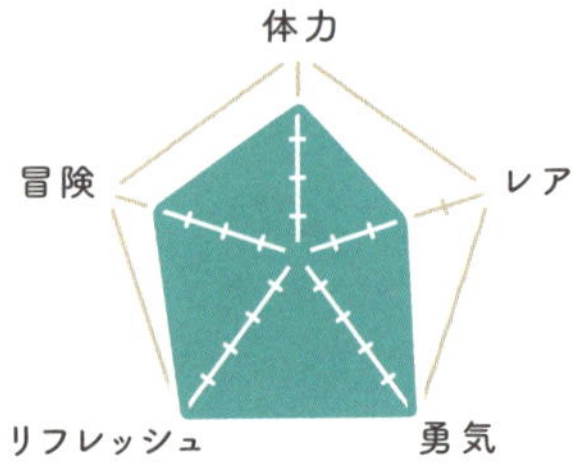

渓谷を流れる川の上流から下流に向かって、泳いだり、トレッキングやウォータースライディングをしたり、飛び込んだりするスポーツとして、近年人気急上昇のキャニオニング。自然豊かな日本では、

青く輝く美しい川に入り、全身で自然を感じる

あちこちで実施している所があります。中でも「青のキャニオニング」として名高い群馬の四万《しま》エリアでは、四万温泉のほがらかな温泉街のすぐ近く、凛とした空気に満たされた山間で体験できます。

　四万川は、太陽の光に川の水が青く輝き、まるで海のように美しくて有名です。青の世界で、大小7つの滝を滑り泳ぎ、高さ5mの岩から飛び降りたり、水が渦巻く所に入ってぐるぐる回ったり。

　渓流の清々しい川の音を聴きながら、自然の中に丸ごと体をゆだねるように運動すると、最高のリフレッシュになります！　運動不足の人でも、しっかりとサポートしてもらえるから安心。童心にかえって、うんと楽しめます。

AREA » 四万川

澄み切った青の川で、身も心もリフレッシュ！

四万エリアでキャニオニングを開催しているGREEN DISCOVERYに事前予約をし、当日の朝に集合場所の四万ベースへ。1人参加の中学生やご夫婦、友人同士など、20名ほどで一緒に体験スタート。

上流からいきなり川の中にずぶずぶと入っていき、流れの速い川に体を仰向けに寝かせながら、1人ずつ滑り泳いでいきます。ひんやりと冷たい水に一瞬びっくりしますが、すぐに慣れて、むしろ気持ちいい！

水が渦を巻いている所では、数人で手をつないで輪になって、くるくると泳ぐという神秘的な動きも。

コース一番の目玉は、高さ5mを超える岩からの大ジャンプ。勇気を出し、手をあげて、どぶん！ 全身がすっぽり川の中に沈んで、最高に楽しい！ 最後には、ドキドキの8mの滝からのウォータースライディング。滝と一体となり水面に浮かぶと、目の前に広がる青い世界に感動。体験後は、まるで新しい自分になったようで、スッキリとします。大人の参加者が顔をキラキラと輝かせているのが印象的でした。

✓ ポイント1

泳ぎに自信がなくても安心!

小さな滝をスライディングして泳ぎ、そのまま流されてしまうことも。そんな時はガイドが投げたロープにつかまり、自力で引っ張らずに、身を任せ、引き上げてもらいましょう。泳げない人も初心者も、安心のサポート付き。川の流れにうまく身を乗せると、上手に下ることができるそう。

✓ ポイント2

みんなでペースを揃えて一緒に

滑る、泳ぐ、ジャンプするなど、ポイントごとにガイドから「ここからあそこまで、こうしてね」と説明を受けます。よくわからなくても、前の人に続いて見よう見まねでやれば、へっちゃら! 水量の多い日は頭を下にして滝から滑っていくこともできます。私も前の人に倣って、頭からどぶん!

GREEN DISCOVERY

群馬県中之条町四万4063
☎0279-56-3999
¥5,000円(土日祝は6,000円)
時9:30~/13:30~
他要予約。集合場所はGREEN DISCOVERYの四万ベース

周辺情報

せっかくなら、青が美しい四万川ダムにも!

四万ベースから近い四万川ダム(奥四万湖)へも足を運んでみると、真っ青な、息を呑むほど美しい四万ブルーに出合えます。青い理由は、水の透明度が非常に高く、青い光が奥まで届き、赤い光が吸収されて青くなるなど、諸説あるそう。ついでに、日帰りできる四万温泉で体を温めて、癒しのひとときを。

思いっきり身体を動かす

太平洋に浮かぶ太古の島で、野生のイルカと一緒に泳ぐ

» 東京

体験時期 3月～10月

1月 2月 3月 4月 5月 6月 7月 8月 9月 10月 11月 12月

2時間

中学生以上

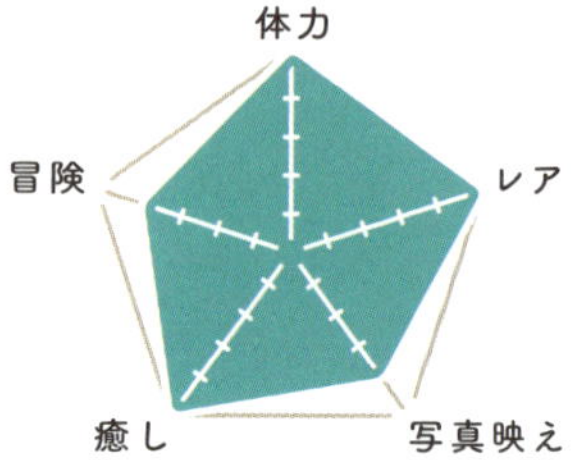

AREA » 御蔵島

東京の竹芝桟橋《たけしばさんばし》から東海汽船の大型客船・橘丸に乗って、南へ約190㎞。まるで異国へ行くように、長い時間をかけてたどり着くのは、太平洋に浮かぶ小さな御蔵《みくら》島です。伊豆諸島の中で最も自然豊かな島

高確率で野生の
イルカに出会える、
夢のような時間

のひとつで、昔から島の周りには野生のミナミバンドウイルカが棲みつき、島の人たちと共生してきました。

御蔵島では、1993年からドルフィンスイムがスタート。海流の速い黒潮の海に漁船で出航して、ワイルドな自然のダイナミズムを体で感じながら、何十頭もの野生のイルカに出会い、一緒に泳ぐことができます。凪の日には、ほぼ100%の遭遇率！　もちろん、スキンダイビングのできない人でも、海面を漂っているだけで、海の中からピーピーと鳴くイルカの声が聞こえ、やがて次から次へと現れるイルカたちに歓喜して、時を忘れてしまうほどの感動を覚えるはずです。

AREA » 御蔵島

優雅に泳ぐイルカに魅せられ、海へと誘われる奇跡の体験

御蔵島でイルカと泳ぐには、まず宿を予約して、それから宿と提携している漁船のドルフィンスイムやドルフィンウォッチングを予約します。

私は、山じゅうという宿で、宿のご主人が操縦する漁船の幸晋丸に乗船。ウエットスーツやシュノーケリングセットを一式レンタルして、漁船に乗り込み、いざ出航。ものの5分で船長がイルカを発見しました！

「船の前方へ泳いで！」と号令がかかると、みな一斉に海へ！海の中から、「ピーピー」という鳴き声が聞こえると、やがてイルカの群れが背後から次々に人間を追い越し、優雅に泳いでいきます。スキンダイビングしている人と対になり、ペースを合わせてくるくると舞うように泳ぐイルカは、まるで私たちと一緒に遊んでくれているみたい！

現在150頭いるという野生のイルカたちが人間を恐れず悠々自適に暮らす姿は、島の人とのよい関係性があるからこそ。奇跡のような約2時間が、あっという間に過ぎていきます。

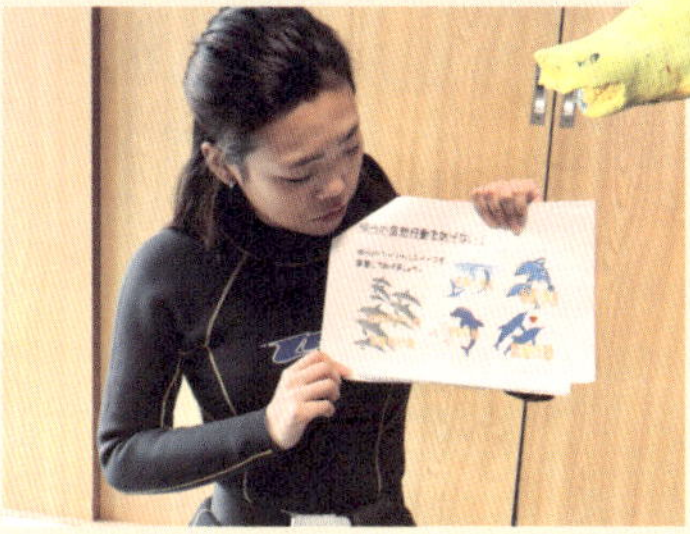

✓ ポイント1

御蔵島の
イルカ・ルールを守って

ドルフィンスイムには必ずガイドが同行するので、初心者でも安心。事前にしっかりと説明を受けます。船は毎日午前と午後の2回出航し、一航につきイルカと泳ぐチャンスは最大8回まで。参加者はイルカの家にお邪魔するつもりで、イルカの日常を妨げるような行動をとってはいけません。

✓ ポイント2

泳げない人は、
ドルフィンウォッチングを

基本的にウエットスーツを着ていれば、海面に浮くので溺れることはありませんが、どうしても不安で泳げない人はドルフィンウォッチングを！船から数m先に、ぴょこぴょこと背びれが現れ、簡単にイルカの群れを確認することができます。船酔いに備えて、しっかりと酔い止めを飲んでくることをおすすめします！

✓ ポイント3

週末だけで、
とことんイルカと泳ぐ！

島の生活を支えている東海汽船の橘丸は毎日運航。金曜の夜に竹芝桟橋を出た橘丸は、土曜の6時頃に御蔵島に着岸します。ドルフィンスイムが大好きなリピーターは、そのまま8時スタートのドルフィンスイムをして、午後も参加。さらに日曜の午前も参加して、午後に御蔵島を出るのだとか。

みくらしま観光案内所
（御蔵島観光協会）

東京都御蔵島村
☎04994-8-2022
¥7,300円程度
（各種レンタルは別料金）※宿による
時8:00～/ 13:00～ ※宿による
他要予約。ただし必ず宿の予約を先に

AREA »
阿嘉島

思いっきり身体を動かす

サンゴの惑星に降り立つ、神秘的な体験ダイビング

» 沖縄

体験時期 通年

1月 2月 3月 4月 5月 6月 7月 8月 9月 10月 11月 12月

2時間

12歳以上

ケラマブルーと称えられる、多彩な青色のグラデーションが美しい沖縄県慶良間《けらま》諸島の海は、日本屈指の透明度の高さと潮通しのよさ、また250種類を超えるサンゴや魚影の多さなどで、海に潜るダイ

ケラマブルーが美しい、奥深い海の世界を探検する

バーたちに超人気の場所です。私は、特に透明度が高いと評判の阿《あ》嘉《か》島で、ダイビングサービス「ブループラネット」にて体験ダイビングをしました。

　神秘的なケラマブルーの海の世界を体感するため、格別に美しいサンゴ礁が見られるスポットへと船を走らせてもらいました。海へダイブすると、太陽の光にきらめく、透き通った魅惑的な青さに衝撃をうけながら、下方を見るとテーブルサンゴが密集した、惑星のようなサンゴ礁が！　そこはまるで、海の中の宇宙空間のようです。

　ダイビングと合わせて、冬はホエールウォッチングもおすすめ。野生のザトウクジラの、ダイナミックなジャンプも見られます！

AREA »

阿嘉島

青の海でダイビングとホエールウォッチングをダブル満喫！

碧い宝石のごとくきらめき、その美しさに一瞬で心奪われる阿嘉島の海。ブループラネットの吉村さんにお願いして、水深2〜5mほどの、太陽の光が届く、青く美しい世界をダイビングしました。そして、サンゴの惑星にタッチ！　惑星の正体は、テーブル状サンゴと枝状サンゴが群生したもの。日本の中でも、このエリアのサンゴは特段カラフルで美しいのだとか。

惑星の周りでは、アマミスズメダイやロクセンスズメダイなど、魚影の大群にも遭遇！　滔々《とうとう》と広がる海の世界の営みや、普段お目にかかれないようなサンゴの隙間に生息する生き物など、微細な世界も見ることができて大感動。泣きたくなるほどにピュアな世界が広がっています。

1〜3月はザトウクジラが見られる時期なので、ホエールウォッチングにも参加することにしました。プシューッと潮を吹き、船のすぐ近くの海面にひょっこり頭を出した後、大ジャンプ！　こんな間近で見られるなんて。ケラマの海を、余すことなく満喫して、心が浮きたちっぱなしです！

サンゴの周りにいる美しい魚たちも間近で見られて、大感動。

✓ ポイント1

ブループラネットのガイド吉村さん

阿嘉島に魅せられ移住、ブループラネットをオープンさせて20年の吉村さん。阿嘉島周辺で独自に調査したというダイビングスポットは、175箇所。ゲストの要望とその日の海のコンディションに合わせて、毎度オリジナルのスポットへと繰り出してくれます。

✓ ポイント2

冬にはホエールウォッチングを!

慶良間諸島はザトウクジラの繁殖地。毎年出産して子育てをするために、1～3月の間滞在します。運がよければ、ブロー（潮吹き）のほか、ブリーチ（ジャンプ）が見られるかも。子どものクジラは好奇心が旺盛で、船に近づいてくることもあります。私は2時間で10回ほどのブローと、5回のブリーチを目撃!

✓ ポイント3

おすすめのホエールウォッチング船

野生のザトウクジラを探して見学するツアーは、ブループラネットのほか、阿嘉島のゴビーズもおすすめ。船体が大きく、高い波でもある程度安定しています。また、船長がザトウクジラのいる場所を当てて、素早く見つけてくれますよ。

ブループラネット

沖縄県島尻郡座間味村阿嘉137
☎098-987-3965
¥10,800円(体験ダイビング1本目)
時 午前・午後(要相談)
他 要予約。ホエールウォッチング船ゴビーズは https://gobies.net

AREA » 水上高原スキーリゾート

思いっきり身体を動かす

本州でここだけ、雪原を駆けぬける犬ぞり体験

» 群馬

体験時期　1月上旬～3月下旬

1月 2月 3月 4月 5月 6月 7月 8月 9月 10月 11月 12月

50分

小学生以上
体重90kg以下

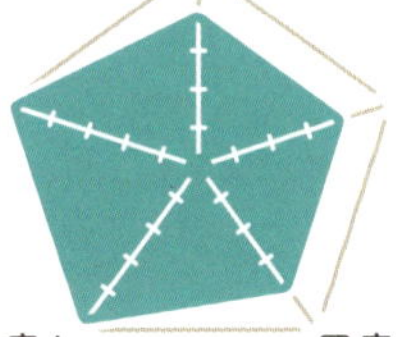

犬ぞりというと、アラスカやシベリアなど極寒の地を想像しますが、日本でも冬本番の時期に、本州で唯一本格的な犬ぞり体験ができる所が、群馬県のみなかみ町にあります。主催は水上高原スキーリゾ

遥か遠い北国を旅するような真冬の夢のひととき

ートで、犬ぞりのマッシャー（操縦者）はドッグスポーツで数々の世界チャンピオン歴をもつ平井さん。家族やスタッフとアラスカンハスキーを育て、このアクティビティを完全サポートしています。

事前に水上高原スキーリゾートに予約をして、当日はスキーウエアを上下レンタル。平井さんが犬舎から連れてきた主役の犬たちがそりに繋がれると、「Ready！OK！」という平井さんの声で一斉に駆け出します。そりはマッシャーの平井さんと2人乗りで、私はただ乗っているだけでどんどん進みます！　想像以上に速く、雪原をぐんぐんと走る犬たちの息づかいが私にも伝わり、健気でたくましい姿に感動します！

水上高原スキーリゾート

AREA »

犬の息づかいを感じながらキラキラ輝く雪原を走る

3月下旬の三寒四温が続く中、まだまだ雪化粧の美しい水上高原スキーリゾートで、いよいよ犬ぞり体験がスタート。太陽が出てすこぶる気持ちのよい雪原に、元気な声で鳴くアラスカンハスキーたちの声が空まで響き渡ります。

まずは準備運動をして、犬たちにご挨拶。3歳の愛らしいソロモン君に、そりに繋ぐハーネスをつけるのをお手伝いします。そりの乗り方を教わって、さっそく本番。平井さんの掛け声で6頭の犬たちが駆け出し、「ジー（右）」「ハー（左）」の合図に先頭のリード犬2頭が進路を変えて進みます。そのたびに「ナイス」と褒める平井さん。走っている間の犬とのコミュニケーションは感動ものです。朝日岳や谷川岳など雄大な山々を遠くに見据えながら、白樺の間を駆けていき、まるで異国にいるような気分になります。

日本でもなかなか体験できる場所が少ない本格的な犬ぞりが、東京から日帰りでできてしまうという気軽さたるや！　今後の冬の楽しみが増えました。

ポイント1

犬ぞりの犬の役割って?

体験の後は頑張ってくれた犬たちにご飯をあげて、お礼をします。平井さん曰く、犬舎には犬が40頭以上いて、みんな性格が違う家族以上の存在だそう。犬ぞりでは、マッシャーの声を聞いて先頭を走るリード犬のほか、そりに一番近く力持ちのホイール（車輪）犬など、役割が決まっているのです。

ポイント2

ディスクドッグプレイを堪能!

タイミングがよければ、平井さんのもう一つの顔であるディスクドッグプレイを見せてもらえます。ガッツという名の犬と、一緒に踊るか、遊ぶかのごとく次々とフリスビーを使って難技を披露。フリスビーを投げさせてもらって、ガッツがキャッチしてくれるという最高のおまけ付き体験に大満足!

ポイント3

ドッグプレイヤーでマッシャーの平井さん

マッシャー歴13年の平井さんは、生まれた時から犬と一緒に暮らしてきたそう。実は平井さんのお父さんも、日本で最も有名なドッグスポーツプレイヤーで世界チャンピオンという経歴の持ち主。ちなみに犬ぞりは、基本的に2名で参加。一緒に参加した友人とは、コースの片道ずつ体験しました。

水上高原スキーリゾート

群馬県利根郡みなかみ町藤原6152-1
📞0278-75-2222
¥8,500円（1人あたり）
時10:00～/11:00～/12:00～/13:00～
他要予約。参加は2名で。
　1名の場合も、2名分の料金が必要。

思いっきり身体を動かす

世界自然遺産の知床で、絶景の流氷ウォーク

» 北海道

AREA » 知床ウトロ

DRIFT ICE

体験時期 2月上旬～3月下旬

1月 2月 3月 4月 5月 6月 7月 8月 9月 10月 11月 12月

1時間半

小学生以上
身長130cm以上
体重110kg以下

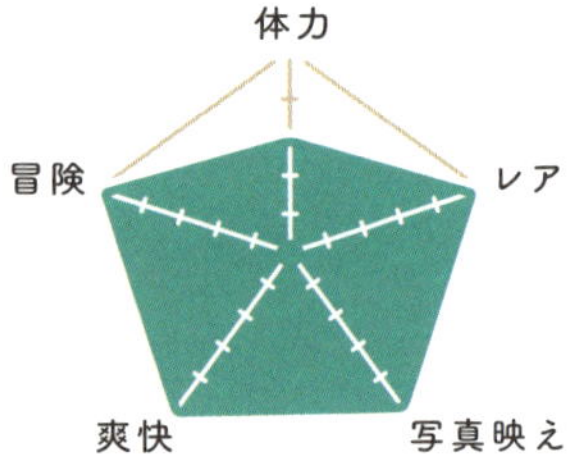
体力
レア
写真映え
爽快
冒険

極寒のオホーツク海で
刻一刻と姿を変える
美しい流氷に立つ

北海道の東の果て、オホーツク海へと突き出した知床半島。悠久の大自然が育んだ豊かな山、森、湖などが壮大で美しく、ここでしか見られない自然美や生態系があることから、2005年に世界自然遺

産となりました。その知床で今、圧倒的な人気を誇り、年々体験者が増えているのが、流氷ウォークです。本格的な真冬に、オホーツク海北西部から流れてきた流氷が最終的に辿り着くのが知床ウトロ。荒磯の海岸線から沖までびっしりと、流氷が海面を覆い尽くします。この世あらざる、幻想的な流氷原。そこを歩くことは、ツアーでしかできません。

私は、1997年に流氷ウォークを始めた知床ネイチャーガイドが案内するシンラ主催のツアーに参加。専用ドライスーツを着用するので、寒くありません。流氷の上を歩いたり、飛んだり、海水に浮いてみたり。真冬の寒さも吹っ飛ぶ神秘的な体験をしました！

AREA » 知床ウトロ

圧倒的な自然がつくり出す流氷原を歩く冒険の時間

オホーツク海の流氷は、オホーツク海北西部で、ロシアのアムール川の真水が河口で海水と混ざり、塩分濃度の薄くなった海水がシベリアから吹く冷たい季節風によって冷やされ固まったもの。そして西高東低の気圧配置によって北風が吹き、知床ウトロまで流れ着きます。

日本で流氷ウォークができるのは知床ウトロだけで、世界でも稀有。シンラのツアーはほかと違って、ネイチャーガイドが案内するので、ただ歩くだけでなく、流氷や流氷を取り巻く生物、自然環境の話を聞きながら参加できるのが魅力的です。

専用ドライスーツで壮大な流氷を歩くと、足元がぐらりと動き、海水が見えるとハラハラドキドキ。「さあ、浮いてみましょう！」とガイドの吉田さんに誘われ、そっと海水に浸かると、体がぷか〜と浮いてラッコ気分。見上げると、白鳥の群れが悠々と空を飛んでいました。

ツアーの参加時間帯によっても、日によっても、刻々と姿を変える流氷は、まるで動く芸術作品のよう。生きた自然を肌で感じられ、何度でも体験したくなる魅力があります！

北の大地で、とびきり美味しいご飯をいただく！

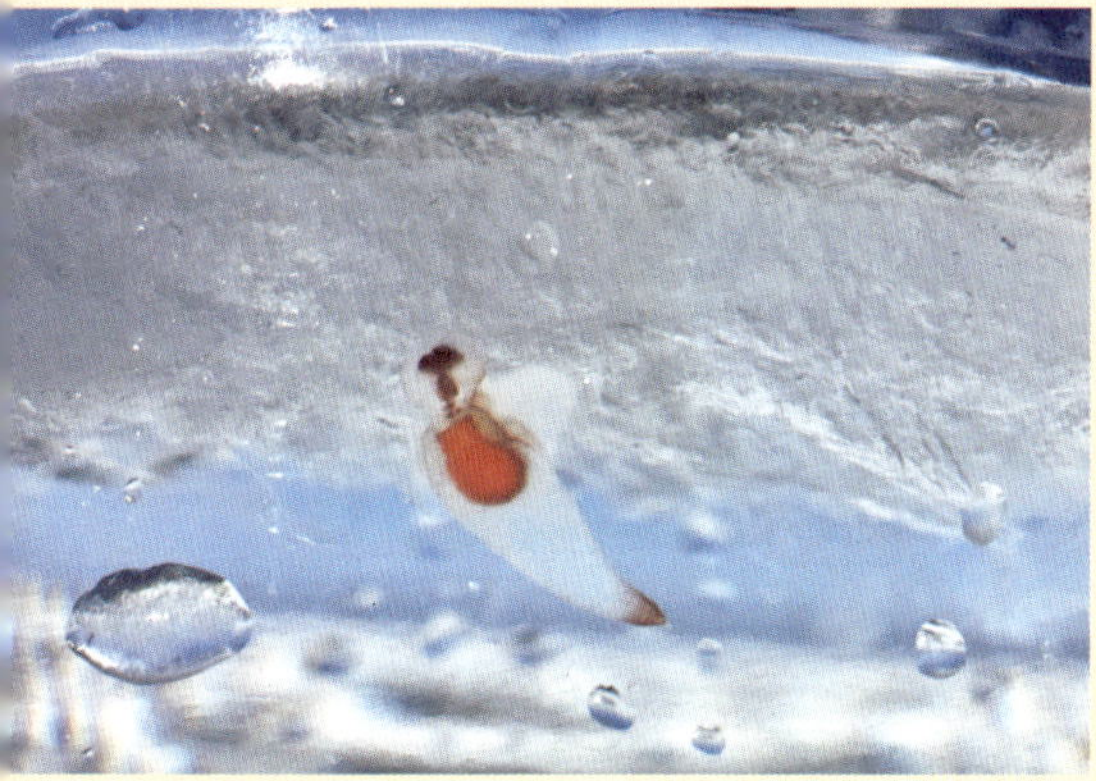

ポイント1

海の妖精クリオネもいるかも？

繁殖の仕方がいまだに謎だといわれる、不思議なプランクトンのクリオネ。海水の冷たい所に生息する、1～3cmほどの貝の仲間です。運がよければ、流氷の上から見つけることができます。さらに超運がよければ、ゴマフアザラシに出会えることもあるのだとか！

ポイント2

流氷を歩く以外の楽しみと発見も！

知床ネイチャーガイドとして有識者の資格を持ち、活躍される吉田さん。流氷の上から、オジロワシやオオワシなども発見して教えてくれます！　また、シンラが独自に改良・開発をした専用ドライスーツは、完璧な防寒、防水でありながら、色柄が80パターン以上もあり、参加者みんな違って楽しい！

シンラ（知床自然ガイドツアー）

北海道斜里郡斜里町ウトロ西187-8
☎0152-22-5522
¥6000円
時6:30～/9:30～/13:00～/15:15～
他要予約。ツアーの開催期間はその年のコンディションによる

周辺情報

流氷がもたらす自然の食物連鎖

吉田さん曰く、流氷には栄養分豊かな海水が含まれていて、春になると海に溶けて植物性プランクトンが大増殖。海の生物を育み、鳥や哺乳類が捕食して、フンや死骸が森へ還るそう。その食物連鎖における貴重な存在が流氷なのだとか。知床自然センターでは、流氷やヒグマやシャチなど知床の自然や生物についての展示もあります。

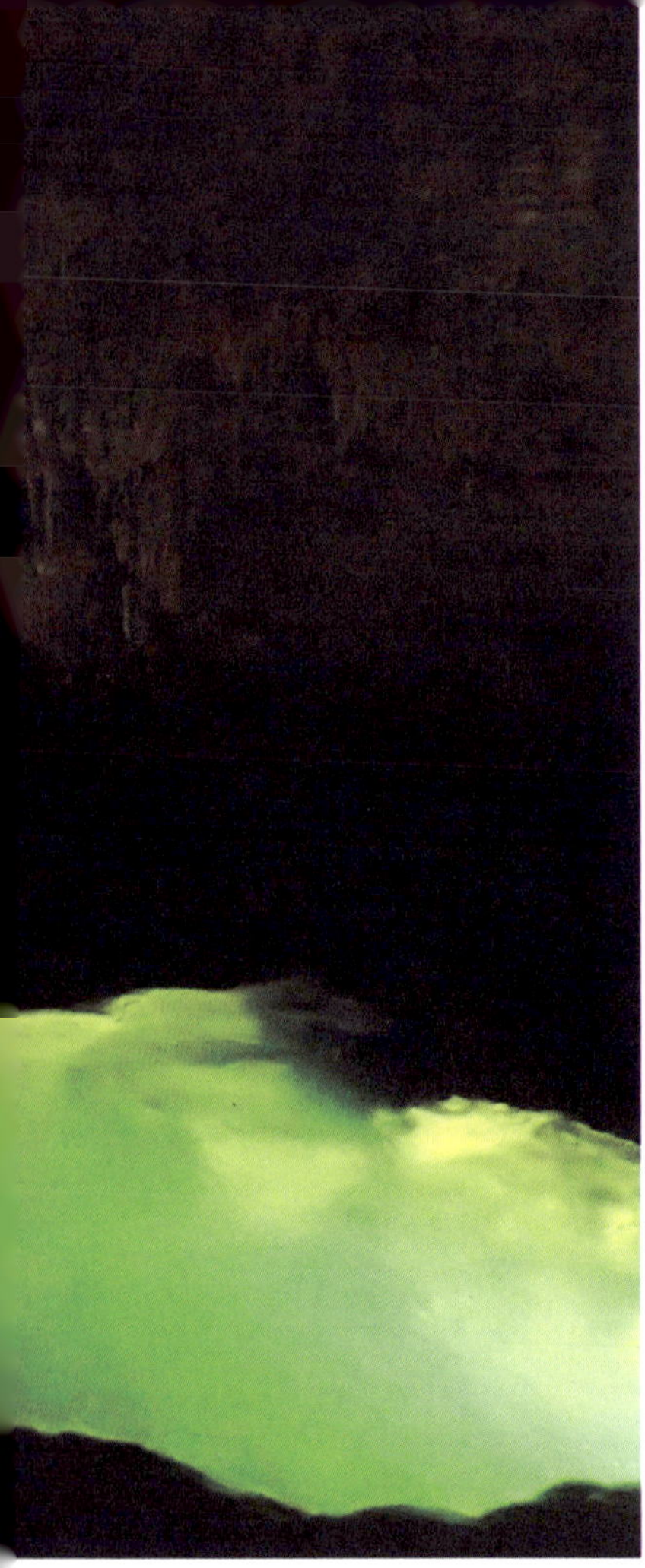

AREA » 沖永良部島

思いっきり身体を動かす

地球の内側を冒険する神秘のケイビング、洞窟探検

» 鹿児島

体験時期 通年

1月 2月 3月 4月 5月 6月 7月 8月 9月 10月 11月 12月

2時間

10歳以上

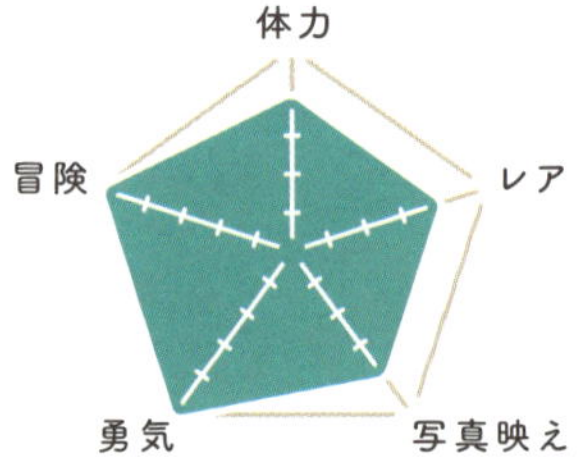

国内有数の鍾乳洞の中で、2番目の長さを有する沖永良部島《おきのえらぶ》の大山水鏡洞《おおやますいきょうどう》。琉球石灰岩に覆われた隆起サンゴ礁の島で、島の地下には雨や地下水の侵食によってできた無数の鍾乳洞が広がり、未発見のもの

地下に広がる自然の宮殿で圧巻の造形美と出合う

も数多くあるそうです。

その中を、認定ガイドと一緒に探検するケイビングツアーは、日本の絶景シーンを代表する神秘的な光景に出合えると人気です。

私は、ケイビング初体験の人向けの大山水鏡洞を冒険するリムストーンケイブコースに参加。光が一切届かない暗闇の中、ヘッドライトだけを頼りに進みます。光を照らして見る地球の内側の世界は、圧巻の造形美。水の中を泳いだり、鍾乳石の狭い隙間を進んだりして、やがて神秘的な棚田状のリムストーンプールに到達。ほかに、誰でも気軽に探検できる絶景の昇竜洞もおすすめ。日常生活では味わえない冒険の時間、心は少年少女に還ります！

AREA » 沖永良部島

日常では決して出合うことのない異空間への扉が開かれる

沖永良部島のケイビングへは、滞在していた島の素敵な古民家宿「Shimayado當《あたり》」で申し込みをして出発。宿主の大當《だいとう》さんが、沖永良部ケイビング協会認定のガイドなのです。

ヘルメットやつなぎ、グローブなどを着用して、観光用地図に何も書かれていない森の中から、開かれた地球の穴へと降りていきます。しばらく進むと、真の暗闇に。ヘッドライトの明かりだけが頼りです。足元がぐらぐらの岩場を歩き、さらに水の中を泳いで、匍匐前進して、巨大なホールに出て……と、地下迷宮を大冒険！　石筍《せきじゅん》や石灰華、サンゴの化石や巨大な鍾乳石の支柱など、地上では見ることのない自然に出合えます。

クライマックスは、棚田状のリムストーンプール。大當さんがライトアップして、幻想的な空間を演出してくれます。透明の水は青みがかり神秘的。まるでSFの世界にありそうな地下宮殿のようです。大冒険の末に出くわす異空間に、感嘆のため息がこぼれます。コースは初級、中級、上級とあり、別の鍾乳洞を見ることができるので、また行きたくなります！

ポイント1

観光地化している昇竜洞もおすすめ

一般公開されている昇竜洞は、全長3500mのうち、600mを歩くことができます。ケイビングツアーでは防水カメラしか持参できませんが、ここは濡れることがなく、センサーに反応してライトが点灯するので、一眼レフでも安心。ケイビングツアーで見る世界とはまた違う、迫力満点の造形です。

ポイント3

民宿でのびのびとした島旅を

滞在していたShimayado當は、古民家を改装した宿で、とてもリラックスして過ごせます。ツアーの後、そのままお風呂へ入れるのも嬉しい。大當さん手づくりの夕食は、島の食材をふんだんに使い、どれも最高に美味しいです。大當さんが自力で手がけた内装は、本当にセンスフル！

ポイント2

鍾乳石のプールで休憩

大山水鏡洞の中には、随所に鍾乳石でできたプールがあり、泳いだり、写真を撮ったりして、ひと休みできます。水の中で、小さなエビを発見。暗闇で生活しているので視力は機能していないそう。ちなみに、寒いのが苦手な人は、中にドライスーツやウエットスーツを着用するといいかも。

Shimayado 當

鹿児島県大島郡知名町田皆2270
☎0997-84-3807
¥16,000円（リムストーンケイブコース）
時 滞在中のスケジュールに合わせて相談
他 要予約。ウエットスーツ・シューズのレンタルは無料
カメラを持参したい場合は防水仕様必須

COLUMN

【新しい趣味や楽しみに出会うきっかけとなる】

日本中で様々なアクティビティを体験していると、思いがけない出会いや、新しい人生の扉が開いたりすることがあります。

たとえば慶良間諸島の阿嘉島では、体験ダイビング（P24）をしたことで、スキューバのライセンスをとってみたいという目標ができました。御蔵島ではイルカと泳ぎ（P20）、スキンダイビングができればもっと楽しいに違いないと、体験後に思い切ってプールに通い始めました。週一度泳ぐことが、こんなに気持ちいいなんて。気がつけば、ドルフィンスイムを愛する人たちと友達にもなり、そのことがきっかけで、御蔵島の猫の里親になることも決めました。

また、「寒いのは嫌！」と真冬が苦手な私ですが、北海道での流氷ウォーク（P32）も、友人に誘われて挑戦してみればすっかりハマって、来年再訪の約束までしてしまうほど。

何かに挑戦すること、冒険することで、日常に大きな刺激や導き、変化がもたらされることを、身を以て知りました。大人になってから、年間通して新しい楽しみや趣味ができたのも嬉しいです！

NATURE »

大自然を体感編

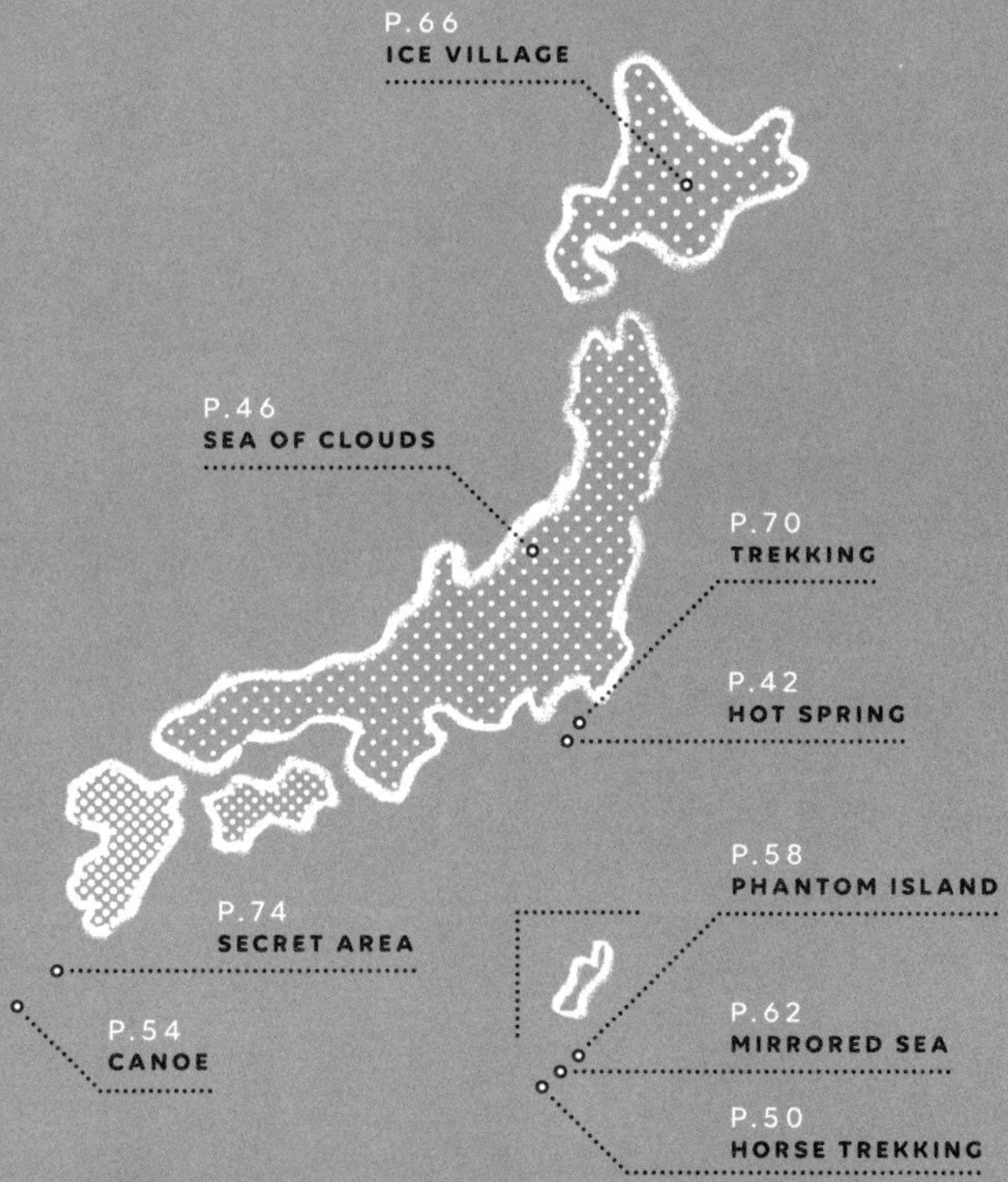

P.66
ICE VILLAGE
P.46
SEA OF CLOUDS
P.70
TREKKING
P.42
HOT SPRING
P.58
PHANTOM ISLAND
P.74
SECRET AREA
P.62
MIRRORED SEA
P.54
CANOE
P.50
HORSE TREKKING

AREA » 式根島

大自然を体感

温泉の島で、超ワイルドな海中露天風呂に浸かる

» 東京

HOT SPRING

1日数時間だけ
楽しめる幻の秘湯で
最高のリフレッシュ

体験時期 通年

1月 2月 3月 4月 5月 6月 7月 8月 9月 10月 11月 12月

1時間

誰でも

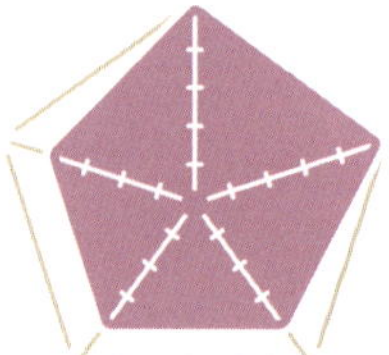
リフレッシュ
レア
写真映え
癒し
冒険

温泉大国日本で、温泉評論家の野口冬人《ふゆと》氏が露天風呂番付で東の張出横綱（実質1位の横綱と同等）に選んだのが、東京都式根島の地鉈《じなた》温泉。式根島は、火山岩の一種である流紋岩で形成され、海岸には

自然にできた湯つぼがいくつもあります。
　海中のあちこちからは、ぶくぶくと80℃ほどの源泉が湧いていて、潮が満ちてくると海水が湯つぼに流れ込み、ちょうどいい湯加減になった湯つぼに入ることが可能。
　私も、頃合いをみて地鉈温泉に行きました。温泉というよりは、野《の》湯《ゆ》そのもの。適温の湯つぼを探して、ざぶんと入ると、潮の香りがして不思議な気分。見上げると、岩山を鉈で割ったようなV字の谷間に、いかつい流紋岩の岩肌が立ちはだかる景色。1日のうち限られた時間にしか入ることのできない、幻の温泉に浸かって、気分は最高！　ここが東京都の島だというのも驚きです。

秘密基地のような露天風呂で、旅人、島人と触れ合う

東海汽船の高速船に乗って、竹芝桟橋から2時間20分で式根島に到着。地鉈温泉へは、集落の山側から193段の階段を下りていきます。岩山を鉈で割ったような峡谷を通って海岸に出ると、目の前には広大な太平洋が広がります。流紋岩が隆起してできた湯つぼには、硫化鉄泉の源泉がぷくぷく湧き、そこに海水が流れ込みます。

最低限の手すりや階段はあるものの、ほぼ自然のままの姿である湯つぼ。全部で20箇所ほどあり、私は数人の旅人が入っている湯つぼに入りました。湯の温度調整は人為的には不可能で、潮の満ち引きによる自然の時間を読むしかありません。干潮と満潮のちょうど間の頃を見計らって入るのがベター。熱さと寒さが渦をまくような湯の中、じわ〜と体が温まります。

旅人たちと会話を楽しみ、30分もすると潮が引いて、湯つぼは激アツに！ 昔は病気を治しにくる人も多い、湯治場《とうじば》として利用されていたそう。

自然の恵みにどっぷりと浸かり、心身ともに浄化されて元気になりそうなパワーを感じます！

ポイント1

松が下雅《みやび》湯《ゆ》なら いつも適温

地鉈温泉の源泉を引いた、港の近くにある露天風呂。水着着用で24時間オープンしています。温度調整されているので、いつ入っても適温です。地元の人たちが早朝や仕事終わりに浸かりにきて、「どこから来たの?」と旅人と交流も。水着に鉄分の赤茶色が付着するので、白い水着は要注意。足湯もあり。

ポイント2

超ワイルドな外科の湯“足《あし》付《つき》温泉”

「内科の湯」と呼ばれる地鉈温泉、雅湯の硫化鉄泉と違い、磯浜に湧いた硫化水素を含む塩泉の野湯が湯つぼに溜まって、干潮と満潮の合間の頃に浸かることができるのが、無色透明の足付温泉。ヤケドや切り傷など外科的疾患に効果があります。特に人工物を設置しておらず、見つけにくいので、地元の人に聞いたほうがいいかも。

ポイント3

湯加減の穴に 手を入れてみよう

地鉈温泉に行く途中、道沿いの壁に四角い穴が空いているので、手を入れてみましょう。地中で温泉の源泉と繋がっていて、手を入れると地鉈温泉の湯加減がわかるのだとか。私も湯つぼに入る前、手を入れるとほんのり暖かく、いざ入るといい湯加減でした!

式根島観光協会

東京都新島村式根島923

☎04992-7-0170

¥無料

時24時間

他予約不要。完全室内の温泉「憩《いこい》の家」も島内にあり

大自然を体感

温泉に浸かりながら、下界に広がる雲海を愛でる

» 新潟

体験時期 春と秋

1月 2月 3月 4月 5月 6月 7月 8月 9月 10月 11月 12月

1時間

誰でも

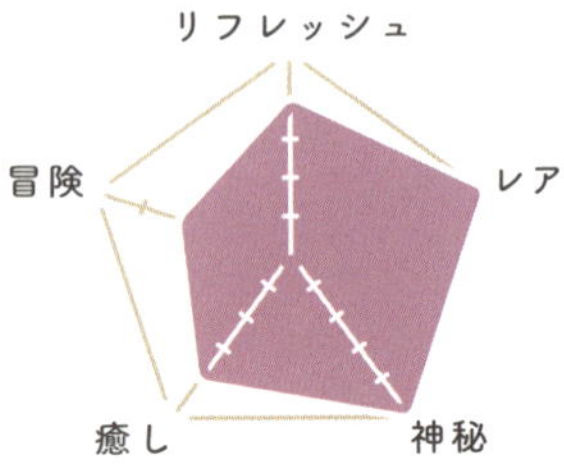

AREA » 十日町

新潟県十日町市の芝峠の頂にある「まつだい芝峠温泉 雲海」は、名前の通り、眼下に広がる雄大な雲海を眺めながら温泉に浸かれる極上の宿。日帰り温泉も楽しめますが、私は早朝に発生する雲海を拝

自然が贈ってくれる奇跡の光景に、身も心も溶けていく

むために一泊しました。

早朝の日の出前、大自然に囲まれた頂の宿の天空露天風呂に入って外の景色を眺めていると、徐々に視界が明るくなって、同じ目線の高さ前方に、苗場山、八海山、巻機山《まきはたやま》などの魚沼連峰が姿を現しました。山々の稜線は視界の左右まで延々と続き、ダイナミック。その手前には、真っ白な雲の海が広がって、山間のひっそりとした里をすっぽり覆い隠しています。雲海は、ふわふわと漂う生き物のように、しばらくすると形をかえて、日の出後には少しずつ薄くなっていきました。

束の間の絶景は、夢のごとし。自然がつくり出す幻の光景に、喜色満面のひとときを過ごせます！

AREA » 十日町

神秘の雲海、素朴な棚田、美人林、日本の原風景を巡る

温泉宿「まつだい芝峠温泉 雲海」で、宿の方から〝雲海の湯〟の露天風呂から雲海が見られるチャンスは、深夜から早朝の時間帯だと聞いて、早朝いそいそと温泉に入りました。

雲海の正体は、十日町市に流れる渋海《しぶみ》川から夜のうちに発生する霧で、朝方までに濃い霧の層となって里を覆い尽くすのです。俯瞰すると、真っ白な海のよう。気温があがると、鏡花水月のごとく消えてしまいました。魔法が解かれた後のような、余韻だけが残ります。

宿をチェックアウトした後は、車で20分ほどの所にある美人林《びじんばやし》へ。松之山の丘陵地に、樹齢100年を超えるブナの木がすっくと姿勢よく生い茂る林は、美しくフォトジェニック。池に映るブナ林は、絵画みたいでうっとりしてしまいます。

たっぷりと森林浴した後、さらに車で半時間ほど行くと、風光明媚な星峠の棚田へ到着。日本昔話の舞台となりそうな朗らかな光景が広がります。

雲海に始まり、四季折々楽しめる日本の原風景を巡って、心身リフレッシュできること間違いなしです!

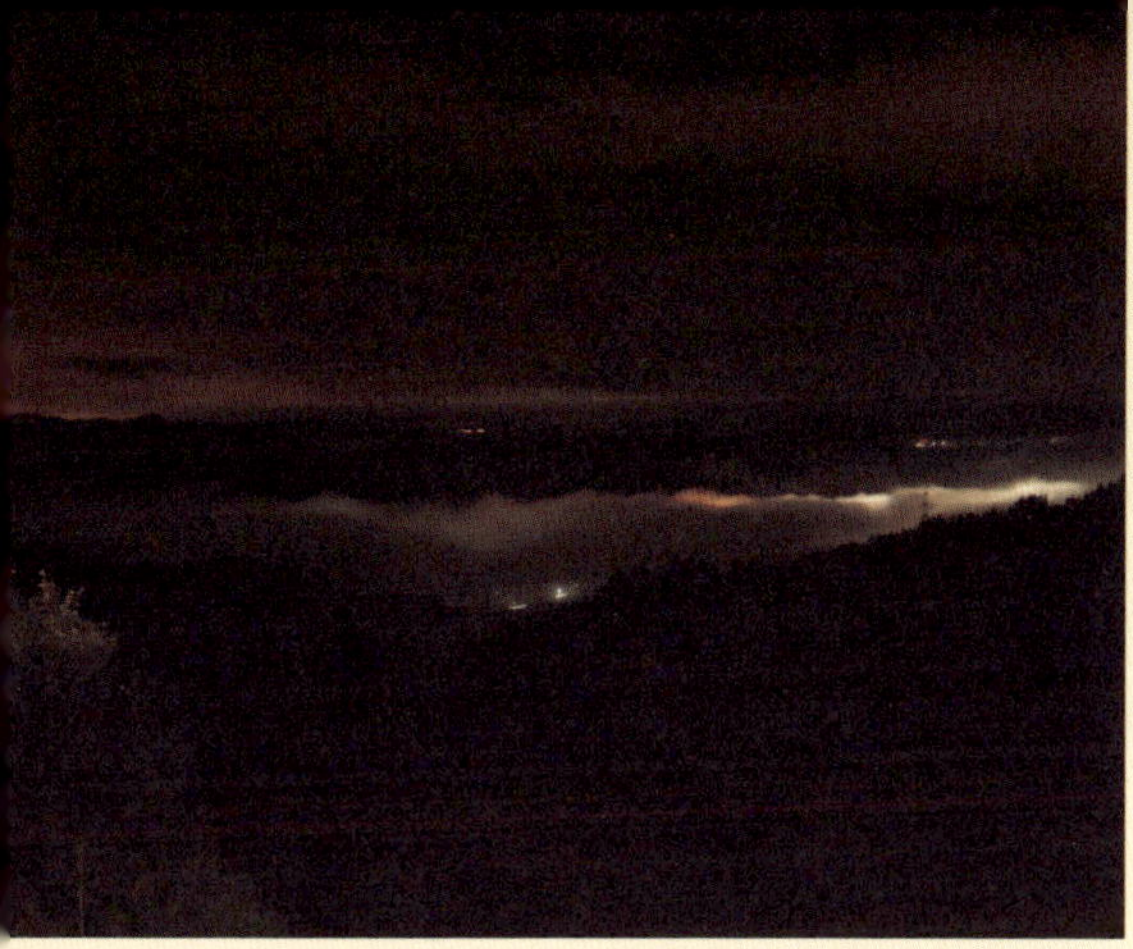

ポイント１

夜の雲海もかっこいい

雲海は、朝晩と日中の気温差が激しい春と秋に出現しやすくなります。運がよければ、夜遅めに入浴すると、渋海川から立ち上る霧がすでに雲海になり始めている様子が見られます。夜闇に出現する白い海は幻想的。ちなみに宿では、日帰り温泉の時間帯だと雲海は見られないので、宿泊必須です。

ポイント２

青空市場で季節の野菜を買う

宿のエントランス前には、素朴な様式で無人の青空市場が設置されています。季節ごとの採れたて野菜は、どれも100円。「焼きなすなどで食べて下さい」というメモが付いていて、ほっこり。チェックアウトしたゲストが買って帰っているようです。

まつだい芝峠温泉 雲海

新潟県十日町市蓬平11-1
☎025-597-3939
¥宿泊部屋・プランによる
時雲海を見るなら朝方に入浴を
他要予約。まつだい駅から車で7分
露天風呂内での撮影は禁止

松代名産へぎそばをいただいて、ゆっくりとくつろぐ旅に。

周辺情報

星峠の棚田でひとやすみ

十日町市には数多くの棚田がありますが、まつだい駅周辺で代表的なのが星峠の棚田。広大な面積で、大河ドラマのオープニングに登場したことも。車がないとアクセスが難しいため、十日町駅でレンタカーを借りると便利です。棚田は観光用地ではないので、畑や田んぼに立ち入らないなど、マナーを守りましょう。

大自然を体感

日本最西端の島で、異国めいた草原をホーストレッキング

» 沖縄

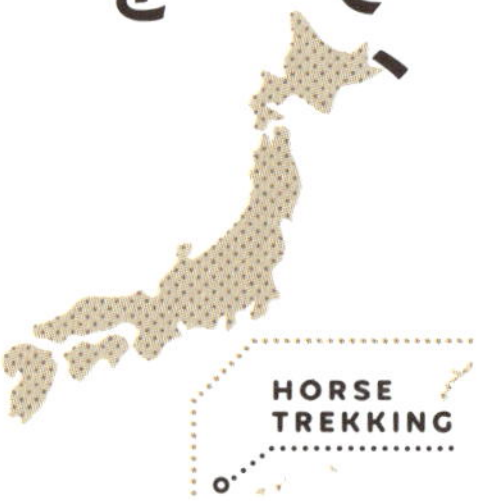

体験時期　通年（海へ行くコースは夏季のみ）

1月　2月　3月　4月　5月　6月　7月　8月　9月　10月　11月　12月

3時間

13歳以上

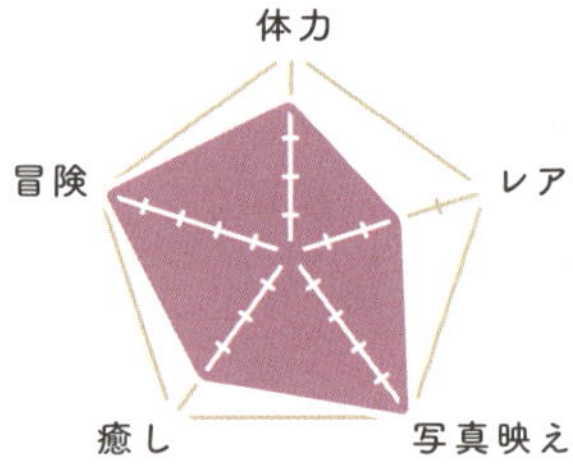

AREA » 与那国島

東京から直線距離にして約2000㎞、台湾側との国境に位置する日本最西端の与那国島で、都会の乗馬体験とは一線を画す、大自然に身を委ねるようなホーストレッキングができます。島の在来種であ

ここは日本か、異世界か、五感ふるえる冒険の時間が始まる

る小柄な与那国馬に乗って、モンゴルの草原を駆けていく遊牧民さながら、豊かな自然の中をトレッキングするのは、気分爽快！

ホーストレッキングを主宰している〝風（う）牧場〟では、スタッフの引く馬に乗るのではなく、参加者が自力で馬に跨《またが》り、手綱を操作して、前へ横へと進んでいきます。もちろん初めに、引き馬卒業検定という名の練習が行われるので、初心者でも安心。

与那国馬に乗って隊をつくり、海沿いを、草原を、アダンの木々の間を散策。断崖絶壁のぎりぎりに立って、潮風にあたる。非日常の世界、いや異国の地へ彷徨《さまよ》いこんだみたいで、鈍くなった五感がフル活動します！

AREA » 与那国島

青くきらめく大海原を眼下に、揺れる緑の草原に立つ

与那国馬と日本最果ての島を知り尽くした〝風（う）牧場〟の田中さんが主宰する「たんぽぽ流ツアー」には、島のあらゆるシーンを切り取った様々なホーストレッキングコースがあります。海の中浅瀬を歩く「コトーの海を行く」コースは夏期間限定のおすすめで、年間を通して楽しめるのは大草原を歩く「モンゴルへ行く」コース。

午後、比川《ひかわ》集落の風（う）牧場に参加者が集まります。基本的な練習と引き馬卒業検定、馬のブラッシングなどを終え、いざ自力で馬を操って、モンゴルという名の大草原へ出発！

舗装された道は僅かで、すぐに草原へと踏み入れ、凸凹とした道なき道を進み、冒険が始まります。アダンの木々で体が埋もれる所を歩いたり、野放しにされているほかの馬たちに遭遇したり、はたまた草原でピクニックしたりと、気分は遊牧民。でも、ここは島。草原の横を見やれば、遥かなる大海原が広がり、きらめいているのです。

大自然の中、馬と心通わせ一緒に過ごす時間は、最高に癒されます。

ポイント1

馬と心を通わせるには？

田中さん曰く、馬は人をよく見ているそう。まずは、馬と心を通わせることが乗馬の上達の秘訣だとか。「ヨーヨー、今日はよろしくね」と馬の名前を呼びかけながら、乗馬前に体をブラッシング。触れることで愛おしさが募ります。

ポイント2

与那国式の乗馬を尊ぶ

馬具は、基本的に与那国式。馬の顔につける頭絡《とうらく》は革ではなく、伝統を守り、桑の木の芯を使って田中さんが手づくりしているそう。手綱を首の前で交差させてから、首を通してかけるのも与那国式だとか。写真は、途中の休憩タイムの時。おやつの黒糖をおねだりしにきました。

与那国馬 風（う）牧場

沖縄県八重山郡与那国町字与那国3500
☎090-2502-4792
¥17,000円（コース：モンゴルへ行く）
（引き馬卒業レッスン：2,000円）
時 9：30～/13：30～
他 要予約。季節によりコース・料金が異なるため、要確認

周辺情報

純血種の与那国馬がいる東牧場に行こう

純血種の与那国馬がいるのは、北牧場と東牧場。一般的に観光客が入れる東牧場がおすすめです。東崎《あがりざき》の灯台付近では、自由気ままな馬の暮らしに出会え、触れるくらいまで近づけます。基本的に与那国馬は温厚ですが、蹴られないように要注意！

大自然を体感

日本最大級のマングローブ原生林をカヌーでたゆたう

» 鹿児島

体験時期　通年

1月 2月 3月 4月 5月 6月 7月 8月 9月 10月 11月 12月

2時間

誰でも

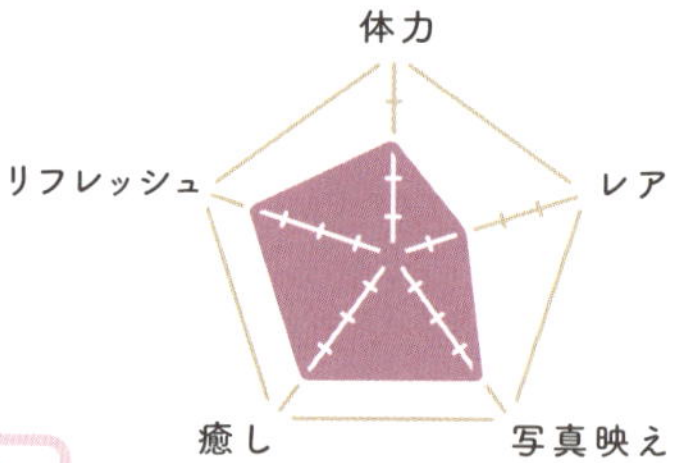

緑のトンネルにお邪魔して、自然の美しさに浸るひととき

奄美空港から車で70分の所に、住用《すみよう》のマングローブ国立公園保護地区が広がり、マングローブパークでカヌー体験ができます。マングローブは、熱帯・亜熱帯域で、海水と淡水が混じり合う汽水域に生え

る森林の総称をいい、数種の植物によって構成されています。干潮と満潮によって水位が変動し、1日の中で姿を大きく変えるのです。

奄美大島の住用川と役勝《やくがち》川が合流するデルタ地帯は、マングローブ国立公園特別保護地区に指定されており、カヌーに乗ってありのままの自然の美しさを楽しむことができます。干潮時は水がほとんどないため、マングローブに生息する生き物を見つけやすくなり、子どもに大人気。私は、満潮時の水位があがった時間を見計らって参加。奥の方まで進むことができ、メヒルギ・オヒルギの木々のトンネルを堪能して、静かな自然の中をたゆたいました。心が軽くなって、気持ちいい！

AREA » 奄美大島

日常の喧騒から解き放たれて、自然豊かな緑に浄化される

住用のマングローブ国立公園保護地区にあるマングローブパークで、1日5回あるカヌー探検ツアーの中から、私は満潮時に合わせて14時半の回に参加しました。この時間は人気があって大勢の参加者と一緒でしたが、広い川の上では混雑することもなく、爽快です。ガイドも多くて安心。

ゆっくりと、力まずに、自分のペースで漕ぎながら、やがて緑のメヒルギやオヒルギの木々が織り成す美しいトンネルの中へと進入。太陽の光が透ける緑の葉っぱも、気持ちよさそう。

ガイドが、「これは木々に〝蘖《ひこばえ》〟が生えてるんです」「葉が黄色くなっているのは、ほかの葉に栄養がいくようにわざと枯らしています」などと、興味津々の話もしてくれます。

水が達していない土の所では、ノコギリガザミやミナミコメツキガニなど、干潟に暮らす生き物が見られます。川の中には、沖縄では絶滅した天然のリュウキュウアユも生息しているそう。雄大な自然に溶け込み、心身の邪気が払われるような浄化の時間を過ごせます。

ポイント１

カヌーを漕ぐのは初心者でも簡単！

カヌーは安定性があるので、初心者や子ども、お年寄りでも、問題なく漕げます。１人で乗るのが不安なら、２人乗りのカヌーもあるので安心。奄美大島は太陽が出ると日差しが強くなるので、帽子があると便利です。サンダルの貸し出しもあるので、手軽に来て体験することができます。

ポイント２

体験の前後に郷土料理に舌鼓を

マングローブ原生林をカヌー体験する前後に、ぜひともいただきたいのが、郷土料理の鶏飯！　同じ施設内の土産物店の隣に、レストランマングローブがあります。丸鶏で取ったスープがとても美味しいので、ぜひ食べていただきたい一品です。

マングローブ公社

鹿児島県奄美市住用町石原478

☎0997-56-3355

¥マングローブカヌー2,000円（入園料込み）

時 10:00〜/11:30〜/13:00〜/14:30〜/16:00〜

他 予約可。出発時間の30分前までに受付を

周辺情報

俯瞰しても圧巻の景色

空港からマングローブパークへ向かう途中、パークのすぐ手前に、マングローブ原生林を見下ろせるスポットがあります。広大な規模感は圧巻。満潮時には綺麗に湾曲した川が見られるはず。道沿いに駐車スペースがあるので、ぜひ立ち寄ってみて。

大自然を体感

1日数時間だけ現れる、幻の島に上陸する

» 沖縄

体験時期 通年

1月 2月 3月 4月 5月 6月 7月 8月 9月 10月 11月 12月

2時間	誰でも

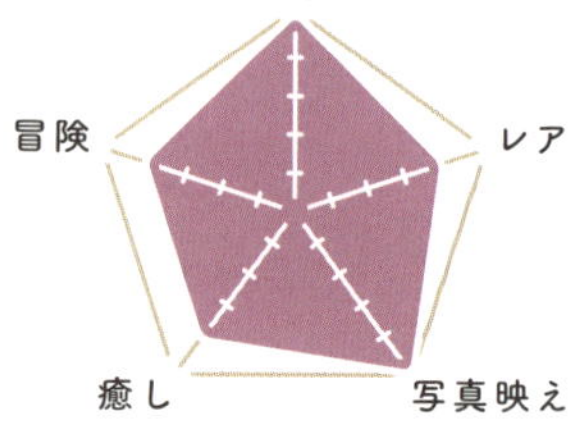

AREA » 浜島

沖縄県八重山諸島の海で、石垣島と小浜島の間に、1日数時間だけ出現する幻の島があります。潮の満ち引きによって、海底に広がる砂の島が姿を現したり、幻のごとく消えたりするのです。正式名称は浜島

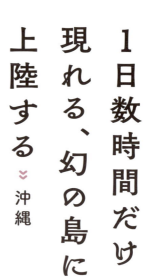

ここって日本？ 美しい海の真ん中に現れる無人島を歩く

といい、地図にも記載されている無人島。もちろん、船の定期便はなく、上陸するにはツアーに参加する必要があります。

私はSeaChanのツアーに参加。代表の斎藤さん自ら船に乗り込み、参加者を幻の島へと連れて行ってくれます。石垣島の港から出航して、気持ちよい潮風にあたりながら、竹富《たけとみ》島の島影を眺め、やがて小浜島や西表島の島影も見えてくると船が減速。正面には、海の真ん中に出現した小さな砂地の島が！ 船から下りて上陸すると、海の真ん中に立っているようで不思議な感覚に。青い空と海に囲まれ、波の音だけ聞こえる楽園。思わず、ここって本当に日本？ と感じるほどです。

AREA » 浜島

サンゴのカケラでできた秘密基地へ冒険にでかける

石垣島にあるSeaChanのツアーに参加して、11時に石垣島の港を出航しました。参加者は子ども連れの家族や女子同士、1人旅の人など、様々。

ミントグリーンやミルキーブルーのグラデーションが美しい海上を走ること30分、前方に幻の島が見えると、斎藤さんが錨《いかり》を砂地に下ろして船を停泊させました。私が上陸したのは満潮から干潮へ向かい始めたばかりの頃で、少しずつ島が姿を現している所だったそう。

全長100mにも満たない細長い島は、よく見るとサンゴや貝のカケラなどが積もってできていました。島に上陸すると、足元に打ち寄せる波の感じがどこかのビーチを歩いているよう。でも、360度に広がる幻想的な海を見渡して、ここは島なのだと実感。1時間の滞在で島は刻々と姿を変え、さらに細長く湾曲しつつありました。いずれ三日月形になるようです。

たった1時間だけど、どこか遠い夢の世界に行ってきたかのような非現実感に、恍惚とした気持ちになります。サンゴのカケラは、記念に持ち帰ることもできます！

ポイント1

シュノーケルで、魚に出会う

上陸だけでなく、シュノーケルも可能。必要な装備は一式レンタルできます。私も日にちを替えてシュノーケリングをしました。島の端にある岩場は、魚が集まるスポット。ミルキーブルーの浅瀬に、タマン、イラブチャー、カクレクマノミなど、様々な魚が泳いでいました！

ポイント2

刻々と変わる島の形を楽しむ

浜島は、潮の満ち引きによって島の形の見え方ががらりと変わります。干潮だと、島は砂漠のような姿に。また、天気によって海や島の色も違って見えるので、何度訪れても同じ姿がなく魅力的！　特に満月や新月の日は、潮が大きく動くため、時間帯によってかなり変わるそう。

ポイント3

小浜島、竹富島からも上陸！

10年前に小浜島で初めて「幻の島へ上陸する」だけのツアーを始めたSea Chanの代表、斎藤さん（左）。業界トップクラスの良心的な価格と無駄のないプランが人気で、3年前から石垣島発着でも同じツアーを開催しています。小浜島や竹富島から幻の島へ上陸するコースもあります。

SeaChan石垣島

沖縄県石垣市登野城653-5-301
☎080-1225-0665
¥3,800円（機材レンタル1,500円）
時8:00～/11:00～/14:00～/17:00～
他要予約。小浜島から行く場合は「マリンサービス光」で予約を

AREA » 西表島

大自然を体感

早朝に南の島の、鏡ばりの美しい海でリフレッシュ

» 沖縄

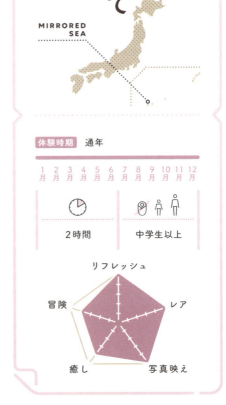

体験時期　通年

1月 2月 3月 4月 5月 6月 7月 8月 9月 10月 11月 12月

2時間

中学生以上

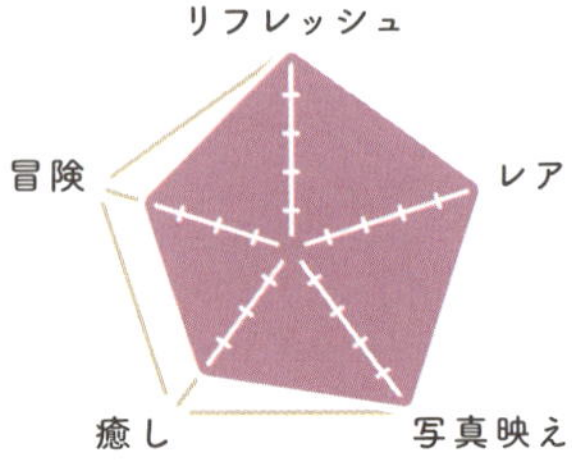

空が溶け込んだ
幻想的な海辺を歩いて、
心身をリセットする

日本で亜熱帯に属する西表島は、島の90%が原生林で覆われたトロピカルな南の島。

ここは、ジャングルトレッキングやマングローブのカヌーツアーなど、様々なエコツアーが人気で、

自然を愛する人たちが何度も訪れる日本屈指の自然豊かな島です。また、西表石垣国立公園は、国際ダークスカイ協会の星空保護区認定制度によって日本で初めて「星空保護区」に認定されました。

西表島で最も体験したかったのが「Coral-foundation西表島」主催の早朝リトリートツアー。早朝、湿った森のにおいの中、今にも降り注いできそうな星空を眺めて、それから海岸線に移動して朝日が昇るのを待ちます。風のない日、海面は鏡ばりのようになって空を映し出します。天地が一体化した世界が、刻一刻と色彩を変えていく光景は、自然がつくる最高の芸術作品。日本の多彩な自然美に心が震えます!

AREA » 西表島

五感がふるえだし、全身の細胞が蘇る大自然デトックス

早朝5時半、Coral-foundation代表の宮沢さん夫妻が宿に迎えにきてくれて、漆黒の闇の中、早朝リトリートツアーがスタート！　ツアー内容はその日の天候によって、臨機応変に宮沢さんがアレンジしてくれます。

まず、西表島東部、大原地区のサトウキビ畑で満天の星を眺め、星の密度や奥行き、立体感が世界トップクラスの美しさを誇る星空を目の当たりにして大感動！　それから太古の大自然が待ち構えるジャングルへと、冒険に出ます。

環境省が管理している森林の中は、車から降りた途端に、アカショウビンの美しい歌声や夜の終わりを告げるリュウキュウコノハズク（フクロウ）の低音が耳に届き、クロツグの実の甘い香りや森林の清涼な空気の香りが体の底まで入り込んで、五感がフル活動開始！　その後、海岸線に移動すると、朝日が昇った直後の凪いだ海は、太陽や雲を海面いっぱいに映し出して、海辺を歩き出すとまるで空を飛んでいる気分に！　ここで、大きくゆっくりと深呼吸。最強のデトックス時間を過ごしました。

ポイント1

日の出前のジャングルを眺める

見晴台からのぞむマングローブ原生林。目前には滔々と流れる仲間川があり、山間から水蒸気が立ち上っている所には、宮沢さん曰く川があるそうです。空が白むにつれ、木々の多彩な緑の色と空の色は、素敵なハーモニーを奏でるように変化していきます！

ポイント2

鏡ばりの条件とは？

水面が鏡ばりになるには、干潮であることと、ボリビアのウユニ塩湖と同じく風がなく水面が凪いでいることが条件。マングローブの根っこが見える海面は、西表島らしい鏡ばりを見ることができます。日によっては月や星、ピンクに染まる朝焼けなどが海面に映し出され、超幻想的な世界に。

ポイント3

太古の自然の森を歩く

亜熱帯気候の西表島の森は、生命力にみなぎる濃い緑の木々が群生しています。湿度も高く、じめっとした肌感覚は熱帯アジアを旅しているよう。絶え間なく聞こえる鳥の声や、木々の香りに癒され、気持ちがいい。自然に詳しい宮沢さんに、あれこれ教えてもらいながら歩くのも楽しいです。

Coral-foundation西表島

沖縄県八重山郡竹富町字南風見508-37
☎0980-85-5170
¥4,000円
時5：00～7：30（日の出によって時間変動あり）
他要予約。天候によって出合える景色が変わるので、要相談

大自然を体感

幻の氷の村で、氷のグラスをつくり乾杯する

≫ 北海道

体験時期　1月中旬～3月中旬

1月 2月 3月 4月 5月 6月 7月 8月 9月 10月 11月 12月

1時間

誰でも

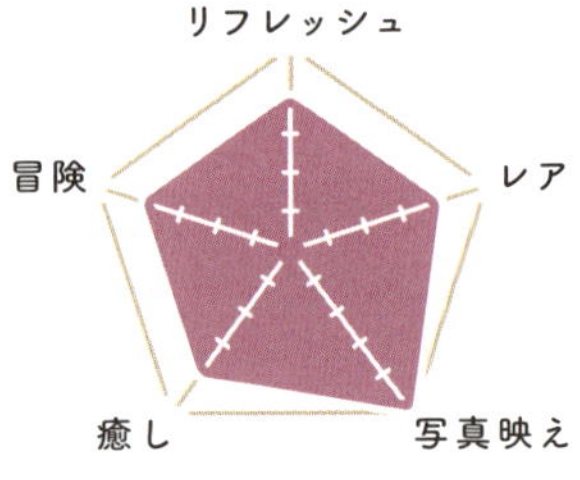

AREA ≫ 然別湖

真冬になると、一面真っ白な雪原と化した湖面上に、幻の村が現れます。氷の村とも呼ばれるコタン村は、北海道の鹿追町《しかおい》にある標高800mの然別湖《しかりべつこ》で、毎年真冬に、すべて手作業によって凍《い》てついた

圧倒的な自然と、地元を愛する人々が生み出した奇跡の村

湖から氷が切り出され、雪と水を使ってイグルーがつくられてできるのです。コタンはアイヌ語で「村」、イグルーはイヌイットの言葉で「家のドーム」を意味します。

キンと冷たい氷点下の中、真っ白な湖面に足を踏み入れ、自分が湖の上に立っていると思うと不思議。イグルーにはアイスバーがあり、氷のグラスを自分でつくることができます。完成したグラスにお酒を入れてもらい、乾杯！

外には、世界でここだけの氷上露天風呂もあり、極寒の中で天然温泉を楽しむこともできます。地元の人を中心に38年間も続く幻の村は、厳格で美しい自然と地元を愛する人たちとの調和や共生を感じられて心打たれます！

僅か2ヶ月だけの儚くもきらびやかな氷の村を楽しむ

しかりべつ湖コタンには、アイスバーやロッジ（宿）、チャペル、露天風呂など、様々なイグルーがあります。すべて枠組みを使用せず、然別湖の天然氷だけを使用して組み立てています。これは、道内で最も標高の高い天然湖で、気温と氷、雪の条件が揃うからこそできるのだそう。巨大な氷柱も、天然らしくすべて表情や色味が違います。

アイスバーでは、氷のブロックをノミで削って、猫型のグラスをつくってみました。そこに色の綺麗なお酒を入れて、人生最高の一杯を。口をつけた氷の冷たさは、新感覚！

夕方から夜にかけて、アイスバーやチャペルはライトアップされて、幻想的でロマンチックな姿になります。

早朝には、日の出の頃に湖面につくられた氷上露天風呂に入って、真っ白な湖面がピンクに染まり始めるのを眺めました。寒さとぬくもり。大自然の恵みに包まれて、至福の朝を迎えました。それからアイスバーで朝のジュースを猫型のマイグラスに入れて、いただきます。世界一冷たくて美味しい一杯、ここにあり！

ポイント1

アイスロッジに宿泊で新体験を！

真冬は氷点下10℃ほどになるコタン村で、氷のイグルーに泊まることができます。11月の予約開始と同時に、予約がすぐに埋まるほど人気。厳寒期用の寝袋で寝て、極寒の境地を体験するのもよし。天気がよければ、満天の星にも出合えます。大自然を全身に感じられる、世界唯一のロッジです。

ポイント2

地元の愛と経験がつまった氷の村

毎年40000人の観光客が訪れるコタン村は、数人の地元の男性が、自分たちが楽しむためにイグルーをつくったのが始まり。今では大勢の地元の人たちが一丸となり、自力で6500個の雪のブロックを湖の上でつくり、1ヶ月半かけて村をつくり上げるそう。早朝、夕暮れ、夜の時間帯、また天候によって村は多彩に装いを変えます。

ポイント3

氷のマイグラスをつくる

どんな形のグラスにするかをイメージしたら、ノミで氷のブロックの真ん中を垂直に叩くようにして、飲む部分を削って穴を掘ります。それから外側を削って、最後に全体の調整。意外とさくさくと進み、30分程度で完成。マイグラスは滞在期間中バーで保管してもらえるので、何度でも使えます。

然別湖ネイチャーセンター

北海道河東郡鹿追町北瓜幕
☎0156-69-8181
¥氷のグラスづくり1,500円
（ワンドリンク付き）
時10:00〜16:00
他体験メニューは要予約（入場は予約不要）

大自然を体感

黒い砂漠に寝転がり、雄大な火山をトレッキング

» 東京

体験時期　通年

1月 2月 3月 4月 5月 6月 7月 8月 9月 10月 11月 12月

3時間程度

誰でも

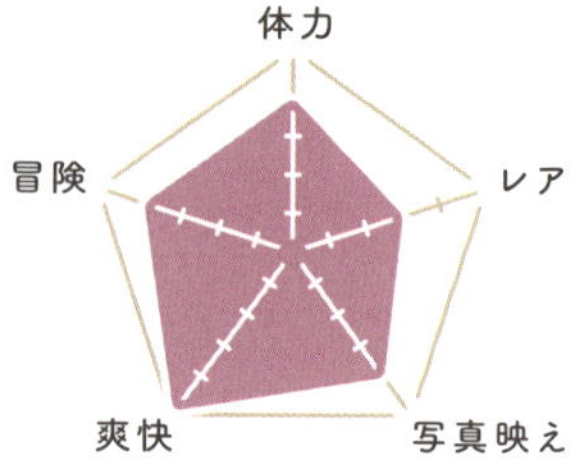

AREA » 伊豆大島

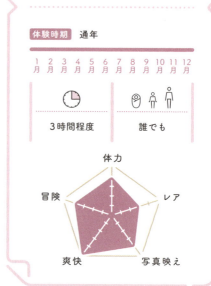

国土地理院が日本で唯一「砂漠」と表記している場所が、東京の伊豆大島にあります。伊豆大島は、日本のジオパークにも認定されている火山の島。島の中央には活火山の三原山がそびえ、現在も火口付

山、海、島、地球を感じる絶景づくしのトレッキング！

近からは、ほわほわと水蒸気が漂っています。

三原山では、火口の周りをぐるっと一周する、お鉢巡りと呼ばれるトレッキングが人気。おすすめは、三原山展望台から表砂漠と呼ばれる、スコリアが堆積した荒野を経て、ごつごつした溶岩が転がる道なき山道をのぼって、三原山の内輪山山頂まで行くコース。そこから火口をぐるっと周ってお鉢巡り。

360度の果てなき海を彼方に、黒々と広がる大地が海の方まで続きます。

裏砂漠へは車で月と砂漠ラインを経て、散策することができます！　まるで月面にワープしたような、惑星を探検しているような冒険感に心は昂ぶるばかり！

AREA »

伊豆大島

壮大な裏砂漠で、火山の島に横たわる

東海汽船の高速船で、竹芝桟橋から1時間45分。東京とは思えない自然の清々しい空気に満ちた伊豆大島に到着します。車を借りて、さっそく三原山のトレッキングへ。

三原山は古来、「御神火《ごじんか》」として島人たちから崇められてきた聖なる活火山です。三原山展望台から未舗装の道を進んでいき、外輪山と内輪山の狭間にあたるカルデラの大地をさらに進み、急勾配の内輪山を登っていきます。足元は黒々とした溶岩の砕けたスコリアが広がり、ざくざくと音を立てながら、1時間ほどで山頂に到着。振り返ると、広大な海と火山の島らしい雄大な荒野が、圧巻の景色です。地球の穴、巨大な火口縁を巡り、三原神社で参拝。

その後、遊歩道コース展望台へ戻って、車で裏砂漠へ。駐車場で車をとめ、歩いて砂漠へ向かうと黒い海原が広がります。遠くの海と空とのコントラストが印象的。砂漠にごろんと横たわると、どくんどくんと、島の鼓動が聞こえてきそうです。日本で唯一の砂漠で、壮大な自然の力を感じて、パワーチャージ!

ポイント1

三原山の火口は巨大な地球の穴

火口付近からは、噴煙がふわふわ出て思わずびっくり。しかし、これは水蒸気なので、触れても大丈夫なのです。火口付近は強風の日が多く、夏以外は少し肌寒いので、温かい蒸気が気持ちよく感じられます。噴火でできたという火口は、なんと60階建のビルがすっぽり入る深さだそう。

周辺情報

バームクーヘン地層断面も!

大島一周道路沿いにある高さ30m、距離にして800mあるバームクーヘンを思わせる千波地層切断面。大島一周道路をつくっている時に現れ、以降島の観光名所となっています。太平洋を反対側に眺めながら、悠久な自然がつくりあげた美しい地層の造形美を眺めて大島一周のドライブも!

ポイント2

奇跡の三原神社での参拝を忘れずに!

三原山山頂に、ごつごつとした溶岩に囲まれた三原神社があります。神社には伝説的な謂《いわ》れがあり、1986年の噴火の際、流れ出した溶岩が神殿を避けるかのように、神殿の手前で二手に分かれて流れたとか。神社のすぐ近くには、ゴジラ岩と呼ばれるゴジラの横姿に見える岩があるのでお見逃しなく。

大島観光協会

東京都大島町元町1-3-3
☎大島の観光についての
お問い合わせは04992-2-2177
(8:30〜17:00 年中無休)
¥無料
時24時間
他予約不要。日が沈む前には下山を

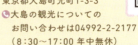

大自然を体感

秘境中の秘境、トカラ列島の口之島を旅する

» 鹿児島

体験時期　5月～9月

1月 2月 3月 4月 5月 6月 7月 8月 9月 10月 11月 12月

2日間

誰でも

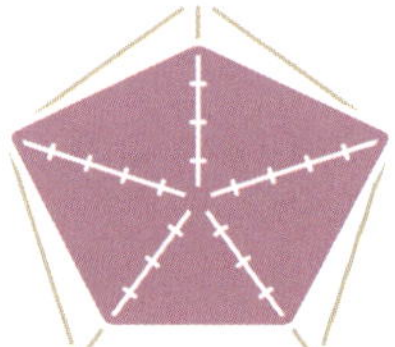

日本にある島の数は、6852島。そのうち有人島は416島。島旅を愛する人たちの中で、「日本最後の秘境」といわれる伝説的な島のひとつが、トカラ列島の島々。鹿児島県の屋久島と奄美大島の間

日本最後の秘境といわれる島で、刻を忘れる冒険の旅へ

にある、有人島7島と無人島5島からなる南北約160㎞に及ぶ長い列島です。「秘境」といわれるのは、黒潮が直接通る海域にあり、海が時化《しけ》れば何日も島に閉じ込められてしまうことも多く、行きづらい島々でもあるからです。それゆえ手付かずの自然が残り、また黒潮のおかげで、海は冬場でも暖かく、豊富な種類のサンゴや魚が生息する楽園でもあります。

　実は、天候にさえ恵まれれば、トカラ列島の玄関口である口《くち》之《の》島には、鹿児島市の港を金曜の夜に出て、日曜の夜に帰ってくることが可能。口之島で、日本でここにしかいない野生牛に会って、雄大豪壮なる自然に出合えば、刻《とき》を忘れてしまう冒険の旅ができます。

AREA » 口之島

日常から解き放たれる冒険の旅は、始まったばかり

23時過ぎ、鹿児島市の港で「フェリーとしま2」に乗船して6時間、まだ辺りが暗い翌早朝5時過ぎに口之島の西之浜漁港へ到着。観光ガイドの方に迎えてもらい、島中央にそびえる前岳北側の集落へと向かいました。海から太陽が顔を出すと、島全体が神々しく黄金に輝き、理想郷《ユートピア》のような雰囲気に。

まず、日本唯一の野生牛で在来種の「トカラ牛」が棲むエリアへ。放牧牛と隔てる牧門があり、車でその中へと入ると、しばらくして森の中から仔牛がぴょこんと出てきました。野生の鹿とも見紛う可愛らしさ！やがてお母さん牛に呼ばれて、森へと姿を消しました。

その後、「しま山100選」にも選ばれたフリイ岳へ。山頂までトレッキングコースが整備されていて、そこを歩けば壮大な太平洋と東シナ海、雄麗な島の全貌が一望できます。手付かずの自然は太古のまま森厳さを放ち、冒険のすえ、地上の聖地を見つけた気分。

無垢の自然を前に陶然とし、自分が自然の一部である喜びをかみしめたくなります！

ポイント1

北緯30度線に立ってみよう

第二次世界大戦後、日本は北緯30度以南がアメリカの統治下におかれました。口之島の陸上にちょうど北緯30度線があり、同じ島の中で分断されてしまったのです。昭和27年に、沖縄本土よりも少し早く日本に返還されましたが、現在も北緯30度線と記念碑があります。

ポイント2

真っ白な屋根が特徴の集落

口之島の集落は、なぜか屋根が白い家屋が多く、ほかの島や街にない景観をしています。上から眺めると南の島に、雪が降っているみたい！ これは、太陽光を少しでも反射させて、快適に過ごすためだとか、諸説あり。

十島村役場

鹿児島県鹿児島市泉町14-15
☎099-222-2101
¥フェリー代金 片道6180円(二等)
時 鹿児島発23:00(月・金)鹿児島着18:20(水・日)
他 フェリーの運航状況・乗船券は役場HPで事前に確認と予約を

ポイント3

口之島を知り尽くす観光ガイドに話を聞く

口之島には、島のことを知り尽くした観光ガイドがいて、無料で島を案内してもらうことができます。事前に予約(口之島出張所099-122-2229)を入れて案内してもらえば、口之島の魅力が一層深まります。

COLUMN

世界でも稀有な日本の豊かな風土を楽しむ

四方を海に囲まれ、6852の島々で構成される日本列島は、最北端の択捉島から最南端の波照間島まで、南北約3300㎞の距離があり、亜寒帯から亜熱帯までの気候帯を有しています。

また、日本列島には標高の高い山々が連なり、低地と高地、日本海側と太平洋側などでも気候が異なります。春、菜の花や桜の開花に始まり、新緑、紅葉や雪景色と、美しく四季が移ろっていきます。雪山もあれば、サンゴ礁の広がる海もあり、温泉は約3000箇所。同じ国で、これほど多様性豊かな風土を有する国は、世界でも類い稀なのです。

私たちは、そんな豊かに彩りを変える日本で、バラエティに富んだ体験を身近にチャレンジする機会があります。私自身、ふらっと旅ができれば大満足する性格ですが、現地でしかできない体験をすることは、豊かな日本の恵みをそっと享受し、その土地に根付く歴史や風土を感じることだと気づきました。これからも、土地折々の豊かな体験を通して、奥深い日本の風土を余すことなく楽しみたいと思います！

日本の文化と歴史を体験編

CULTURE & HISTORY »

日本の文化と歴史を体験

江戸から388年、悠久の歴史を感じる佐渡金山を見学

新潟

体験時期 通年（山師ツアーは4～11月のみ）

1月 2月 3月 4月 5月 6月 7月 8月 9月 10月 11月 12月

3時間
山師ツアーは100分

中学生以上

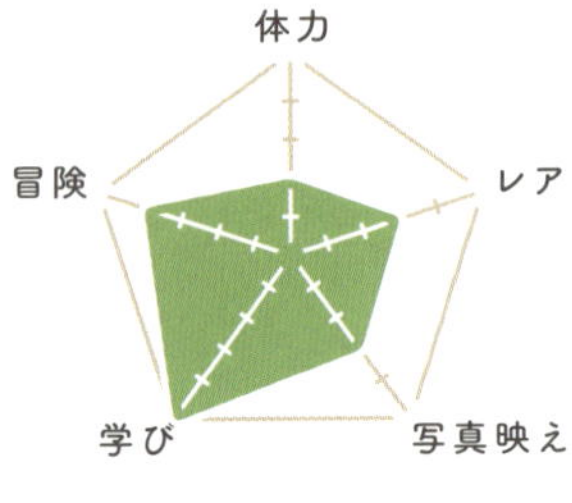

新潟市の西に浮かぶ佐渡島は、沖縄本島に次ぐ大きな島で、冗談めかして独立論がいわれるほど、肥沃《ひよく》な土地に恵まれ、歴史的にも日本を支えてきました。中でも相川という地域には、距離にして東西約

古代遺跡に見紛う史跡と、先人の魂の鼓動が息づく坑道を巡る

3000m、南北約600mの鉱脈が広がる佐渡金山があり、江戸時代から平成まで388年の間、金銀の採掘が続き、日本の近代鉱業に大きく貢献しました。

　現在佐渡金山は、史跡や重要文化財、近代化産業遺産に指定されていますが、一押しは、まるで異国の遺跡のように蔦に覆われ、当時の栄華と活気を物語る巨大な北沢浮遊選鉱場跡地の見学と、山師によって掘られ、実際に稼働していたままの姿が残る坑道跡を巡る山師ツアーです。

　史跡佐渡金山のひとつひとつが威厳と迫力に満ち、そこを巡れば、ここに人生をかけた先人の魂の鼓動が聞こえてくるようです。

知的好奇心が満たされる、歴史的産業遺産と触れ合う旅

AREA » 佐渡島

自然豊かな佐渡島にある、1601年に3人の山師が金脈を見つけて開山した佐渡金山。江戸時代から平成まで採掘が続き、金山の中はアリの巣状態の坑道が総延長で約400㎞、縦横無尽に張り巡らされています。

日本の近代化を支えた史跡佐渡金山を散策するツアーの中で、ヘルメットとヘッドライトをつけて、非舗装のリアルな坑道を歩き、真の暗闇体験ができるのは、山師ツアーだけ。無名異坑《むみょういこう》と大切山坑《おおぎりやまこう》の2箇所を巡ります。

事前に予約をして、10時に山師ツアーに出発。真っ暗で足元がぬかるむ当時のままの坑道を、ヘッドライトだけで進むのは、冒険さながら。江戸時代の手掘りの坑道は、明治時代になると発破して拡幅されており、歩くとタイムトラベルのように時代の流れがわかります。ガイドが歴史を紹介しながら歩くので、理解が一層深まり、知識欲が満たされます！

山師ツアーの後、相川の港の方へと約3㎞歩くと、遺跡のような破砕場や貯鉱舎、精練所の北沢浮遊選鉱場跡地があり、鉱石が採掘されて精錬されていく過程を辿ることができます。

ポイント1

山師はどうやって金脈を探していた?

山師とは江戸の言葉で、金脈を見つける人のこと。労働者を率いる社長のような存在で、武士でなくとも幕府に帯刀を許された権力のある人でした。ガイドによると、鉱物を好むシダ植物が生息する辺りや、川下の方で砂金が採れたら、その上の山を目印にして、“山勘”で探し当てていたとか。

ポイント2

金が入っている鉱石を探してみる

無名異坑の見学では、坑道の突き当たりで本物の鉱石を持ち帰れます。砂金は、石英と呼ばれる白い部分にある黒い縞模様の銀黒帯の中にあるのだとか。ほかの参加者と夢中で探しました。実際、今も金山には砂金があるようですが、388年間で掘れる所は掘り尽くしているそうです。

ポイント3

古代遺跡に見紛う史跡が物語る栄華

金山ができたことで、鉱石を採掘し精錬するための建造物がいくつもつくられ、その一帯には多くの人が住み着いて、まるで大都会のような活気にあふれた賑やかな町になったそうです。現在は古代遺跡のごとく多くの観光客を魅了し、史跡佐渡金山は、いずれ世界遺産になるだろうといわれています。

ゴールデン佐渡

新潟県佐渡市下相川1305
☎0259-74-2389
¥2,400円
時10:00～/14:00～
他山師ツアーは前日16時までに要予約

日本の文化と歴史を体験

清らかな霧島神宮を、美しい和服でしなやかに参拝

» 鹿児島

KIRISHIMA SHRINE

体験時期 通年

1月 2月 3月 4月 5月 6月 7月 8月 9月 10月 11月 12月

1時間半

身長130cm以上

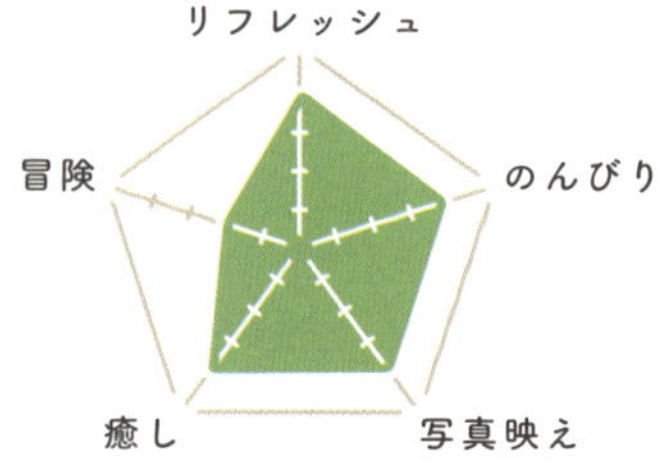
リフレッシュ
のんびり
写真映え
癒し
冒険

朱塗りの社に
映える和服で、
パワーをいただき
心清まる

長年、「和服を着て神社を参拝したい」と小さな夢を抱いていました。お正月や結婚式など、特別な日でさえ和服を着ることは容易ではありません。かといって、観光地の混雑した街中で、観光客用の浴衣

や着物を着るのも気が進まず。せっかくならば、自宅から和装してきたかのようにさりげなく、厳粛な気持ちで格式高い神社を参拝してみたい。

天孫降臨の地とされる、高千穂峰が背後にそびえ、瓊瓊杵尊《ににぎのみこと》を祀った霊験あらたかなる霧島神宮では、女性も男性も和服に着替えて参拝することができます。霧島神宮は、日本人なら一度は訪れてみたい聖地であり、パワースポットとしても名高い所。

近くの公民館で着付けをしていただき、神宮へ。凛とした空気が漂う参道はひっそりと静かで、心のさざ波も凪いでいきます。自然と厳かな気持ちになり、森羅万象の神々へ手を合わせたくなります。

AREA » 霧島神宮

霊験あらたかなる聖域で、心穏やかに、神々に手を合わせる

自然豊かな山間、湯けむりがもくもくと立ち上る霧島温泉郷を車で15分ほど過ぎた所に、厳かな霧島神宮の鳥居が構えています。

観光案内所で受付をして、さっそく近くの公民館で、先生方と一緒に着物と帯を選ぶことからスタート。約80種類ある着物の中で、自分では似合わないと思った色や柄が、「きっと似合いますよ〜」といわれて着てみると、新しい自分に出会った気分で、嬉しい。つま先から頭まで、和の装いに身を包み、和風の傘をお借りしてそろそろと歩けば、心持ちまでしなやかになります。

青空の下、朱塗りの鳥居や社殿があでやかな着物と美しくマッチングして、写真を撮れば、和の色彩が華やかで実にフォトジェニックです。

創建は6世紀とされる古社(現在は1715年再建の姿)の歴史を肌で感じながら、本殿で手を合わせると、自然と笑みがこぼれてしまいます。神宮内には、坂本龍馬や西郷隆盛も見たであろう御神木に、烏帽子《えぼし》をかぶった神官に見える小枝があり、必見です。

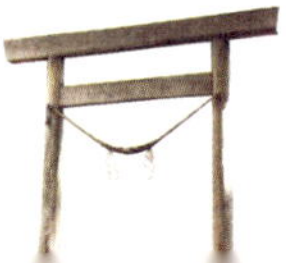

ポイント1

霧島神宮内にある 隠れ最強パワースポット

地元の方曰く、本殿の裏手にひっそりと佇んでいる山神社は、敷地内屈指のパワースポットで、御神木周辺の木々や切り株に生える“蘖《ひこばえ》”パワーをいただけるといわれているそう。すっくと空へ伸びて立つ、厳かな木々の中を歩くだけで、心身が浄化されていきそうです。

ポイント2

着付けは 先生方に任せて

着物の着付けをしてくれる先生方。「この着物、私が選んだのよ」「若い頃はこういう色が似合ったの」と、先生がお持ちだった着物もあるようです。神業とも思える速さで、着脱してくれます。着物に大荷物は不釣り合いなので、小袋を持参するか、観光案内所でもらえる巾着袋を持っていくのがおすすめ。

霧島市観光案内所

鹿児島県霧島市霧島田口
2459-6
☎0995-57-1588
¥3,000円
時9:00〜14:00
他希望日の5日前までに要予約
和服のレンタルは大人用のみ
男性は、男女ペアでの参加のみ可能
妊娠されている方はご遠慮ください

周辺情報

温泉地に立ち寄ってリラックス

霧島神宮から車で15分ほどの所に、霧島山の懐から湧き上がる温泉を引いた、湯けむりの立つ霧島温泉郷があります。日帰り入浴や足湯できる所も多いので、立ち寄ってみては。近くにある霧島温泉最古の岩風呂“目の湯”も見学すると、昔ながらの自然な温泉風景を楽しめます（野湯なので足湯は可）。

日本の文化と歴史を体験

冬の闇夜に華やぐ、豪華絢爛の秩父夜祭で屋台観覧

埼玉

体験時期　12月

5時間程度

誰でも

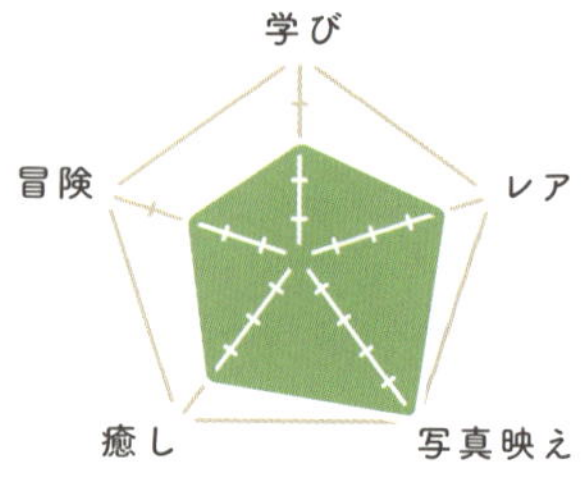

AREA » 秩父

2016年にユネスコ無形文化遺産に登録された、日本三大曳山祭《ひきやままつり》の一つである秩父夜祭は、毎年12月2日と3日に行われる冬の例大祭です。江戸初期から約300年間続く、秩父の地を護ってこられ

江戸から続く壮麗な夜祭で、幻想的な世界に迷い込む

た神への感謝を捧げる、神聖な行事です。

高さ約7m、重さ約15tの屋台や笠鉾《かさぼこ》と呼ばれる山車が6基曳かれ、町中を移動します。極彩色で美しい匠の技の彫刻や華やかな金具、飛鶴や牡丹の花の刺繍を施した幕、宵闇とともに灯る提灯など、豪華絢爛《けんらん》かつ伝統を重んじる厳かな佇まいの屋台と笠鉾に、心奪われます。太鼓や笛の屋台囃子が奏でられる中、団子坂をのぼって、クライマックスの御旅所《おたびしょ》へ。

灯りを纏《まと》った屋台と笠鉾が2基ずつ御旅所へと入ってくる間、夜空には6000発を超える輝かしい花火が鳴り響きます。天と地が神々しい光に包まれ、夢か現かの幻想世界に浸ります。

AREA » 秩父

長い歴史の中で、人々の信仰心が伝承した誇り高い夜祭

12月3日、凛とした寒さの中、駅に着くと、駅前から美味しそうなにおいをさせる屋台がずらりと並び、すでに観光客でいっぱい。まずはこの大祭を300年以上にわたり執り行ってきた、歴史ある秩父神社を参拝します。屋台や笠鉾が置かれ、境内には人だかりが！

列をなして参拝をし、昔ながらの面影が残る神社周辺を散策。朝からずっと屋台や笠鉾の曳き回しが町中で行われ、日中は神社で屋台芝居や屋台曳き踊りが披露されるので、どこを歩いても賑やか。屋台囃子が聴こえて、わくわくと心躍ります。

宵闇の頃、提灯を灯した屋台と笠鉾は1基ずつ御旅所へ向かいます。御旅所の前には有料観覧席があり、みんなが一様にそわそわしながら、屋台や笠鉾が来るのを待っています。2時間以上かけて6基が揃うと、圧巻の光景。暖色の提灯が闇夜を照らし、夜空には神への賛歌とばかりに花火が打ち上げられます。

夏祭りもいいけれど、キリッと冷たい空気の中、山間で厳かに伝承される冬の夜祭は凛然として、神々しさに満ちています。

ポイント1

まずは秩父神社の参拝からスタート

秩父夜祭は、秩父神社の女神である妙見様と武甲山の男神である龍神様が年に一度、御旅所で会う日だと言い伝えられています。境内には屋台と笠鉾が置かれている時間があり、よく見ると、どこにも釘を使わずに組み立てられているそう。見学した中近《なかちか》笠鉾は、平安時代につくられ、修復を繰り返して今の姿になったのだとか。

ポイント2

秩父夜祭に絹市が復活!

秩父夜祭は、昔からお蚕祭とも呼ばれ、その年最大の絹取引がされていたという大きな絹の市が開かれていました。近年、秩父神社からすぐの黒門通りと買継商通りで「ちちぶめいせんマルシェ」として、絹市が復活しました。絹関連のグッズや職人さんの工芸品、器などが売られています。

ポイント3

有料観覧席での屋台観覧がおすすめ

毎年10月頃に秩父観光協会にて有料屋台観覧席の指定席が販売されますが、即完売するほどの人気ぶりで、毎年抽選が行われます。御旅所での圧巻のクライマックスを観るには、ぜひ抽選に参加を! 観覧席は飲食自由なので、食べながらの観覧も可能。

秩父観光協会

埼玉県秩父市野坂町1-16-15
☎0494-21-2277
¥6,000円(有料観覧席)
時大祭12月3日は朝9時～翌朝未明まで開催
他有料観覧席のみ要予約(抽選)
花火は3日19:30スタート
当日は電車の臨時便あり

日本の文化と歴史を体験

いにしえから続く京都の遊覧船で、紅葉を味わう

京都

体験時期　11月中旬～12月上旬

1月 2月 3月 4月 5月 6月 7月 8月 9月 10月 11月 12月

30分	誰でも

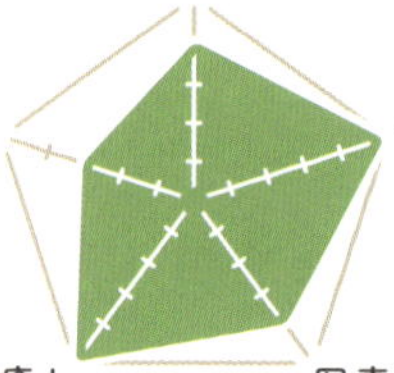

AREA » 嵐山

平安時代、公家の船遊びとして始まり、今は多くの観光客を乗せてたゆたう、京都嵐山の遊覧船。渡月橋より上流の大堰川《おおいがわ》を、風情ある木製の遊覧船が大勢の人を乗せて、ゆっくりと行き交っています。四

赤に染まる嵐山の麗らかな川の上を舟でたゆたう

季折々に魅力的な佇まいを見せる嵐峡ですが、私は木々が赤く染まる紅葉の時季に乗船しました。

　南乗り場から乗り、船頭が竹のさおを器用に動かして、上流の方へと進みます。川の上は独特の静寂があり、時間の流れもゆっくりと感じられます。舟から見上げる山々の木々は、幾重にも色が重なり、まるで日本画の世界を眺めているみたい。きっといにしえから変わることのない、京都を代表する美しい光景なのだと感じます。

　紅葉に華やぐ寺社仏閣巡りもいいですが、舟から紅葉を愛でると、京都の雅な世界に浸って一層優雅な気分になります。

京都らしい風情ある紅葉の楽しみ方

AREA » 嵐山

嵐山の大堰川で、京都の伝統的な遊覧船に乗るため、歴史的に名を馳せる長い渡月橋を渡ってすぐの南乗り場へ向かいました。この日は乗合だったので、人が集まればすぐに出船する遊覧船の順番を待ち、いよいよ大堰川を上流へとのぼっていきます。

渡月橋を挟んで両岸には、多くの観光客が、川の上をすべる舟や、嵐山の紅葉を眺めています。舟から両岸を見るとまた違った景色が広がり、美しい。やがて赤に燃える木々の下を通過すると、上流から戻ってきた舟とすれ違い、お互いに手を振ってご挨拶。

船頭に「この真正面の小倉山の紅葉が、特に美しくて」と教えてもらい、それからUターン。下流に戻る瞬間のぱっと開けたパノラマに、多彩な赤と緑のコントラストが綺麗に広がり、うっとりしてしまいます。

ふと横をみると、鴨が何羽も並走してスイスイと泳いでいます。なんて、京都らしい風情に満ちた時間。京の人々は平安時代からこうしてのんびりと心を癒し、雅な時間を楽しんでいたのだろうなと感じられます。

ポイント1

歴史的な名所「渡月橋」は渡るべし

約1000年の歴史を持つ京都嵐山の名所で、大堰川の下流にある桂川に架かる、全長約150mの渡月橋。建て替えの際に鉄筋コンクリート主体の橋となりましたが、本来の木造の姿を継承するよう、欄干部分は木造にしているそうです。

ポイント2

乗船は南乗り場がおすすめ

遊覧船には北乗り場での乗り降りも可能ですが、乗る時は渡月橋を渡って、南乗り場からスタートするのがおすすめです。遊覧船に乗ってから、大堰川へと繰り出す時の、急に視界が開ける瞬間がとても素敵なのです。

嵐山通船

京都府京都市西京区嵐山中尾下町(南乗り場)
075-861-0302
¥HPを確認
時9:00～16:00
他随時出船、予約不要

周辺情報

トロッコ列車での紅葉観賞もぜひ

遊覧船の最寄駅、嵯峨嵐山駅のすぐ隣に、トロッコ嵯峨駅があり、乗車券を販売しています。遊覧船に乗る前に乗車券だけ購入して、後からトロッコ列車に乗って紅葉を楽しむのも最高。ライトアップされる時間帯に乗れば、一層幻想的な紅葉真っ只中の嵐山を堪能できます。

日本の文化と歴史を体験

夜の日本海へ漁船に乗って、イカ釣り体験

福井

体験時期 通年

1月 2月 3月 4月 5月 6月 7月 8月 9月 10月 11月 12月

2時間

誰でも

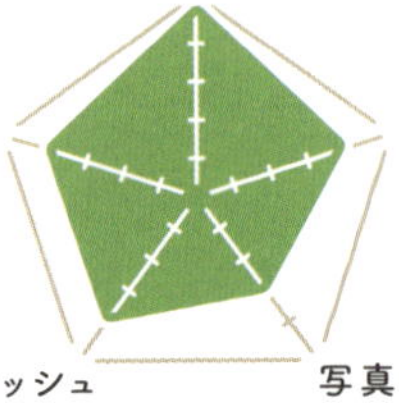

AREA » 越前

漁業の町として長い歴史の中で栄えてきた福井県の越前町には、旬の魚を釣ろうと、日本中から多くの釣り人たちが集まります。中でも、日没後に日本海へと繰り出すイカ釣りが人気で、季節ごとに、スル

煌々と光る
イカ釣り船で、
闇夜の大海原へ

メイカ、マイカ、ヤリイカ、タルイカなど、様々なイカ釣りを楽しむことができます。

私は秋、越前の宿漁港から福王丸に乗って、初のイカ釣りに挑戦。日没前の漁港には、大きな集魚灯をつけたイカ釣り船がずらりと停泊して、情緒的な光景です。いざ、越前沖へと繰り出すと、波はゆら〜りと大きくなり、ちょっぴり緊張が走ります。

船長の森本さんに釣り方を教えてもらいながら待つと、すぐにアタリが。急いで釣竿のリールを回すと、「ああ、逃げられた！」。

見えない海の獲物との駆け引きが続き、ようやく釣れた時の達成感たるや！　釣りの楽しさに目覚めた瞬間でした。

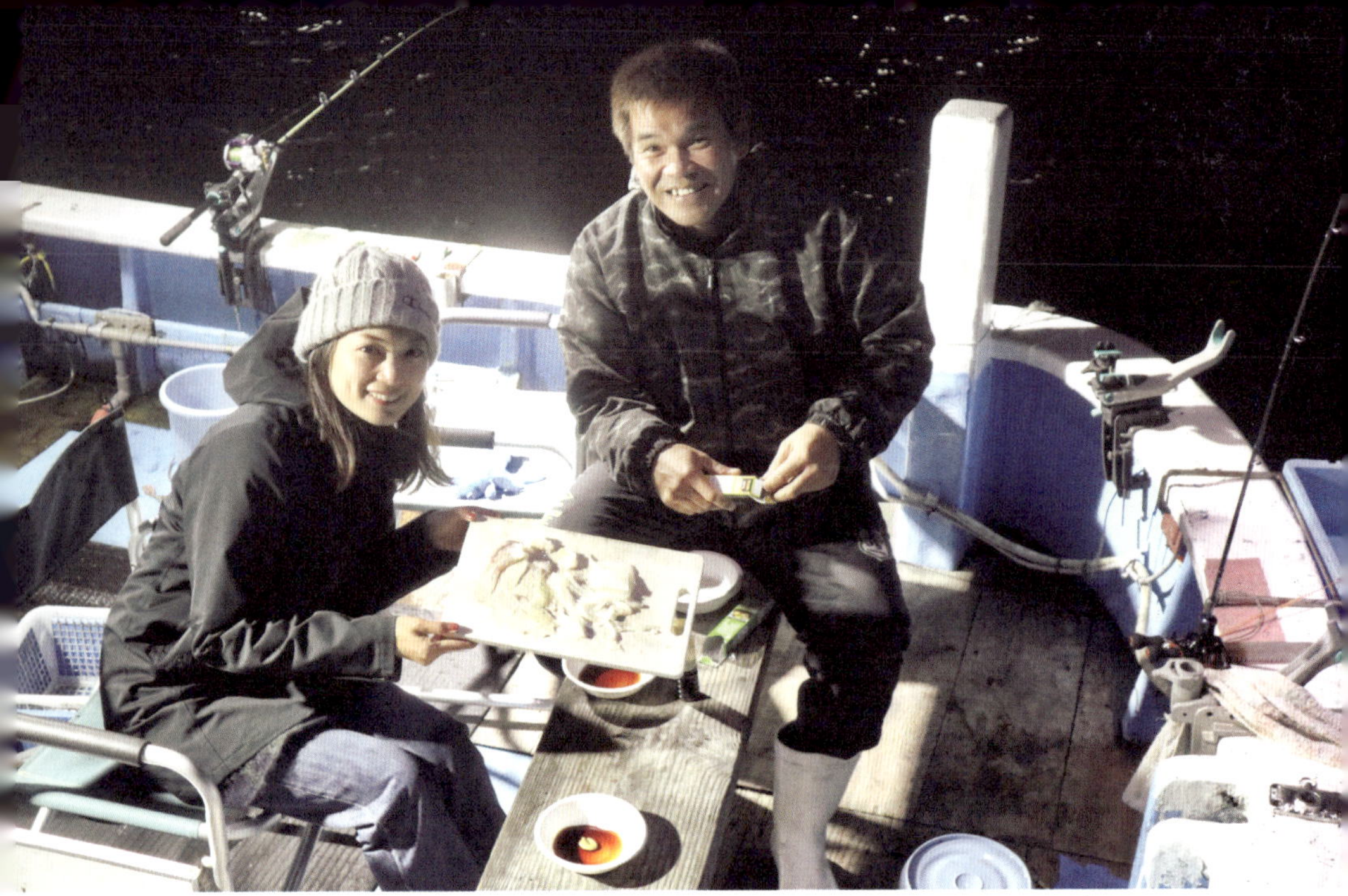

真夜中の海で、人生で一番旨いイカを食べる

風情ある佇まいの静かな越前町の宿漁港から、釣り船「福王丸」に乗って、イカ釣りに出船！ 太陽が海に吸い込まれてから、刻一刻と空の色が変わる束の間のマジックアワーを楽しんでいるうちに、船が越前沖で停泊しました。ぱっと集魚灯が照らされ、イカ釣りがスタート！

森本さんの指導のもと、糸を60mほど垂らしていき、竿の先にアタリがくるのを待ちます。ぴくんと竿が反応するたび、一気に糸を巻き上げますが、何度も逃げられて1時間後にようやくヤリイカを釣り上げました。

その場ですぐ、森本さんが手際よくイカをさばいてくれて、刺身に。釣ったばかりのぷりっとした食感と、海水の塩加減、ヤリイカ本来の甘みが、絶妙な旨さ！ 集魚灯に集まるウミネコたちの羨望を集めながら、初のイカ釣りは上出来。

自力で釣り上げた感動も加味され、船上でいただいた刺身は、これまでで一番美味しいイカと言っても過言ではありません。きらきらと光る集魚灯のもと、真夜中の海へ繰り出すのはわくわくし、大人になって、新しい世界が開けた気分です！

ポイント1

イカ釣り漁船の集魚灯って？

キラキラと海を照らす集魚灯は、人工衛星からも見えるほど明るいそうです。そもそもイカが明るい光を好むのではなく、光に集まるプランクトンに小魚が集まり、小魚を食べにイカや大きな魚が集まるのだとか。集魚灯は、食物連鎖を利用した釣りの方法なのです。

ポイント2

船長の力を頼りに

越前町の漁師の子として生まれ育った船長の森本さんによると、ヤリイカの旬は夏の終わり頃まで。私が体験した秋は難易度が高かったのですが、船長の長年の勘で見事に釣れました。海のどこで停泊するかも、船長の力量にかかっています。ヤリイカのほかにも、年中様々なイカが楽しめます。

ポイント3

日没前の情緒ある漁港もおすすめ

イカ釣り漁船がずらりと並ぶ宿漁港はとても情緒的。さらに昔ながらの漁村の面影を残した宿の港町は、狭い路地に立派な日本家屋が立ち並び、時代劇に出てきそうな家並み。歩くと、時代を遡ったような気分になります。イカ釣り前の散策がおすすめです。

越前 釣船 福王丸

福井県丹生郡越前町梅浦56-32-1
☎0778-37-0520
¥11,500円～(2名から)
時 日没前頃から(時期によるので要確認)
他 要予約。乗り物酔いしやすい人は、事前に酔い止め薬の服用を

日本の文化と歴史を体験

世界に一つの江戸切子をつくり、伝統工芸に触れる

» 東京

体験時期 通年

1月 2月 3月 4月 5月 6月 7月 8月 9月 10月 11月 12月

1時間半

小学3年生以上

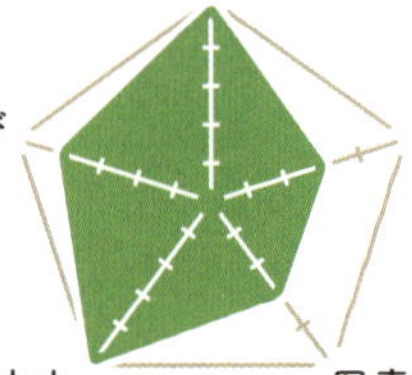

AREA » 浅草

グラスに命を吹き込んでいく、心研ぎ澄まされる時間

キラキラときらめく美しいガラス工芸品の江戸切子は、1834年に江戸で始まったカットグラス（切子）技法が現在まで途絶えず伝承され、2002年に日本の伝統的工芸品に指定されました。江戸切

子のグラスを一個持つことは、美しいジュエリーを身につけるかのごとく、生活に華やぎをもたらしてくれるのではないでしょうか。
東京の浅草にある創吉では、誰でも気軽に江戸切子体験ができます。先生の指導のもと、自分好みのグラスを選び、デザインを施していきます。グラスに切り込みをいれる時は、自分の心が投影されるようで、心が湖面のように落ち着くと、集中してスッと切り込めるようになるそう。
職人のような緻密で繊細なデザインはほど遠いにしても、世界でたった一つの江戸切子グラスをつくるのは贅沢。忙殺される日常を忘れ、一点集中して工芸品をつくり上げる時間は貴重です。

江戸時代から続く伝統工芸品を、自分でつくる豊かな体験

工房では、十数種類の見本の中から好きなグラスを選びます。透明グラスのほか、赤や青の色がついた色被《いろき》せグラスがありますが、透明の方が削りやすいとアドバイスをうけ、側面が4つある透明なグラスをチョイス。一度グラインダーという削る機械で練習してから、デザインを考えます。

伝統的な文様は、網の目のような矢来文や、魚の鱗のような魚子《ななこ》文など、様々。私は、麻の葉文と七宝《しっぽう》文をグラスの側面に選択。底面は工房に置かれたグラスから、オリジナル文様を参考にすることに。

マジックで下線を書いて、いざ削っていきます。慎重に、ゆっくりと集中して。グラスを削っていくのは、命を吹き込んでいく作業に思えて、一段とグラスが美しくなっていくように感じられます。

そして、「江戸切子は飾るより、日常で使ってこそ美しいんです」と創吉の店主、関場さん。江戸時代から続き、今日も新たに生まれた世界に一つの伝統工芸品をもっと気軽に日常使いして、豊かな時間を楽しみたいです。

ポイント1

スタッフの手厚いサポートで安心

体験の時は先生がアシストしてくれるので、初心者でも、不器用な人でも安心安全。私は決して器用ではありませんが、コツを掴むとそれなりの形に仕上がりました。髪の長い人は後ろに結び、近眼や老眼の人はメガネを忘れずに。

ポイント2

しっかり練習してから挑戦！

本番スタート前には、グラスカットの練習をします。マジックで書いた下書きの上に切り込みを入れていきます。手の角度や力加減で、削る線は変化します。グラインダーの削る部分は、ダイヤモンドでできているそう。また、伝統模様には、それぞれ魔除けや健康祈願など、意味があるのだとか。

ポイント3

創吉の店内はまるで宝石箱

江戸切子体験の工房の1階は、グラス・バー用品の専門店になっています。創吉オリジナルの江戸切子グラスや江戸切子職人のシリーズ、海外のバカラやモーゼルのアンティークグラスなど、店内は宝石箱のようにきらめいています。国内外のバーなどから、グラスの注文が殺到する人気の店です。ぜひ立ち寄ってみては。

創吉 浅草店

東京都台東区雷門2丁目1-14
☎03-6802-8948
¥透明グラス/一般:3,240円 高校生以下:2,700円
　色被せグラス/一般:4,860円～ 高校生以下:4,120円～
時10:30～/13:00～/15:00～(16:45～+500円)
他要予約

AREA » 草津温泉

日本の文化と歴史を体験

日本屈指の名湯草津温泉で、ほっこり落語を聴く

» 群馬

体験時期 通年

1月 2月 3月 4月 5月 6月 7月 8月 9月 10月 11月 12月

45分

誰でも

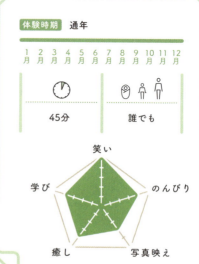

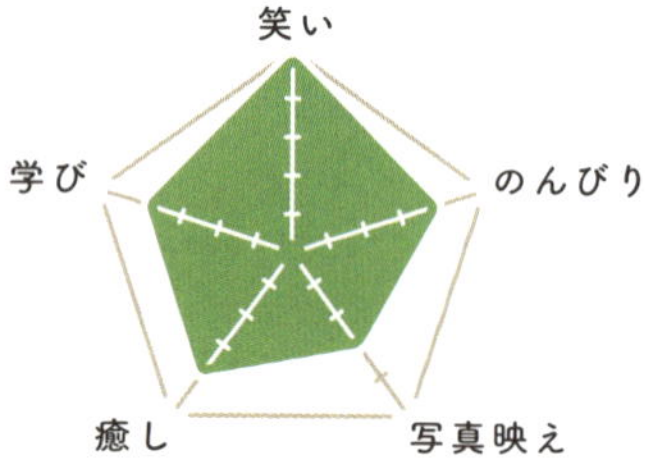

落語と温泉、日本の伝統に出合う貴重な夜を体験

群馬県の風光明媚な山間に、国内屈指の強烈な泉質を誇る草津温泉があり、昔から湯治場・名湯として栄えてきました。現在も、温泉郷としての情緒的な街並みとその泉質ゆえに、国内外から訪れる温泉

ファンが後を絶ちません。草津温泉は一箇所の宿に泊まりながら、何軒も湯巡りできるようになっているのも嬉しい。

中心地には、源泉を木製の湯樋《ゆどい》にかけ流して、温度調整や湯の花を採取する湯畑があり、日本の温泉文化を代表する光景と出合えます。湯畑を囲うように風情ある飲食店や宿などが並ぶ一角には、大正ロマン風の熱乃湯という〝湯もみ〟で有名な建物があり、20時から45分間、そこで温泉落語を聴くことができます。初めて聴く人も落語ファンも、夕食後や湯巡りの合間に来て、「くすっ」と笑う癒しのひととき。体だけでなく、心もぬくぬくと温まり、至福の夜を過ごすことができます。

AREA »

草津温泉

美肌の湯と日本の文化を楽しむ、心身共に温まる時間

日中も夜も観光客で賑わう草津温泉は、夜の姿が特に印象的です。夕暮れとともに中心地はライトアップされ、紫色などに輝く湯畑は幽玄的な世界へと変貌。強烈な硫黄のにおいを放ち、もくもくと夜空へ湯けむりをあげる光景は、温泉郷たる威容に満ちています。

宿で、草津の食材をふんだんに使った食事に舌鼓を打った後、20時に開演する温泉落語を聴くため、宿の浴衣に着替えて湯畑へ。湯畑の周りは、浴衣を着た観光客で賑わい、とても絵になる光景です。熱乃湯でチケットを買っていそいそと中へ入ると、日中の湯もみショーで盛り上がる空間は姿を変えて、寄席のようになっていました。この日、高座にあがったのは春風亭橋蔵さん。落語の聴き方から解説があり、その後初心者でも楽しめるわかりやすい噺の落ちに、観光客はみんな笑顔。

温泉落語の後は、再び湯巡りへ。美肌によいとされる泉質は、女子にうってつけ。心身ともに温まり、パワーチャージ！　温泉と落語という、日本を代表する文化や伝統に出合える時間は、とても豊かです！

ポイント1

日中も行きたい熱乃湯

かつて時間湯や共同浴場として利用されていた熱乃湯は、平成27年にリニューアルして、大正ロマン風の瀟洒《しょうしゃ》な建造物に変わりました。1日6回ほど、湯もみショーなどを公開しています。朝から行列ができる、人気の観光浴場です。

ポイント2

熱乃湯の湯もみショー

草津温泉では、50℃近い源泉を、お湯を加水することなく温度を下げる方法として、江戸時代から"湯もみ"を行なっています。源泉の中に六尺板を入れて大勢で湯をもみ、一定の温度に下げる方法です。熱乃湯では、日中に湯もみ体験や湯もみショーを見学できます。

ポイント3

草津にきたら湯の花を買う

湯畑で源泉の成分が結晶化したものを採取して、乾燥させてできるのが、黄色い粉の湯の花。自宅の浴槽に入れて草津温泉を再現できる、人気のお土産となっています。湯の花の採取と販売は、江戸時代に始まったそうです。周辺では、湯畑以外の場所で採れた湯の花も売られているので、購入の際にはしっかり確認しましょう。

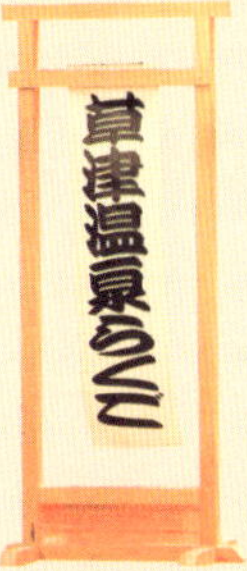

草津 温泉らくご事務局

群馬県吾妻郡草津町草津414
☎0279-88-5118
¥1,000円(幼児・子ども500円)
時20:00～20:45
他予約可

COLUMN

体験をとりまく出会いで、自分らしい旅をつくる

何かを体験しようと、今いる場所を離れ、どこかへ出向くことは、旅そのものであると感じています。電車や飛行機、船に乗って現地に着けば、驚くほど気候も空気のにおいも変わります。体験前後に食べるローカル飯や、観光名所をちらっと覗くのも楽しいですし、現地で暮らす人たちに出会えるのも一興。

特にアクティビティ旅の魅力は、その道のプロであるガイドさんと交流できること。その体験や地元への愛をもって、自然や生物、歴史について教えてくれ、好奇心が満たされていきます。そして、「この後時間があったら、あそこのラーメン屋さんに行ってみては」とか「泊まるならこの宿がおすすめ」、「写真はあの駅で降りて撮るといいですよ」なんて、ガイドブックでは知ることのできない現地情報を教えてくれます。気づけば、ツアーとは違う自分らしい旅をつくりあげる楽しさに、充実感や達成感を覚えます。

「またぜひ来年に！」と、日本のあちこちで〝繋がり〟ができるのもアクティビティ旅の醍醐味です。

EXTRAORDINARY »

非日常の世界へ編

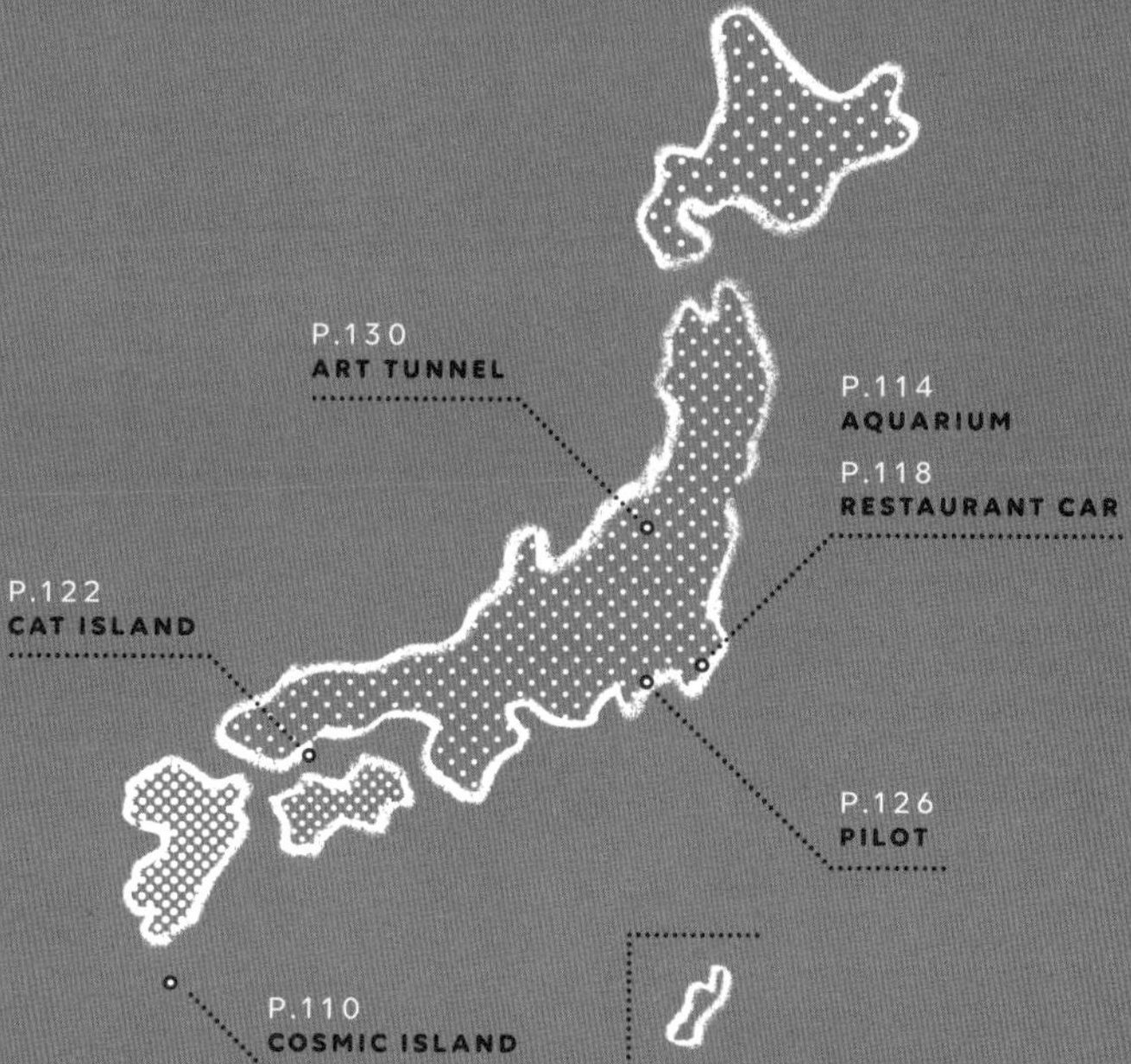

AREA » 種子島

非日常の世界へ

日本で最も宇宙に近い島で、宇宙を感じる

» 鹿児島

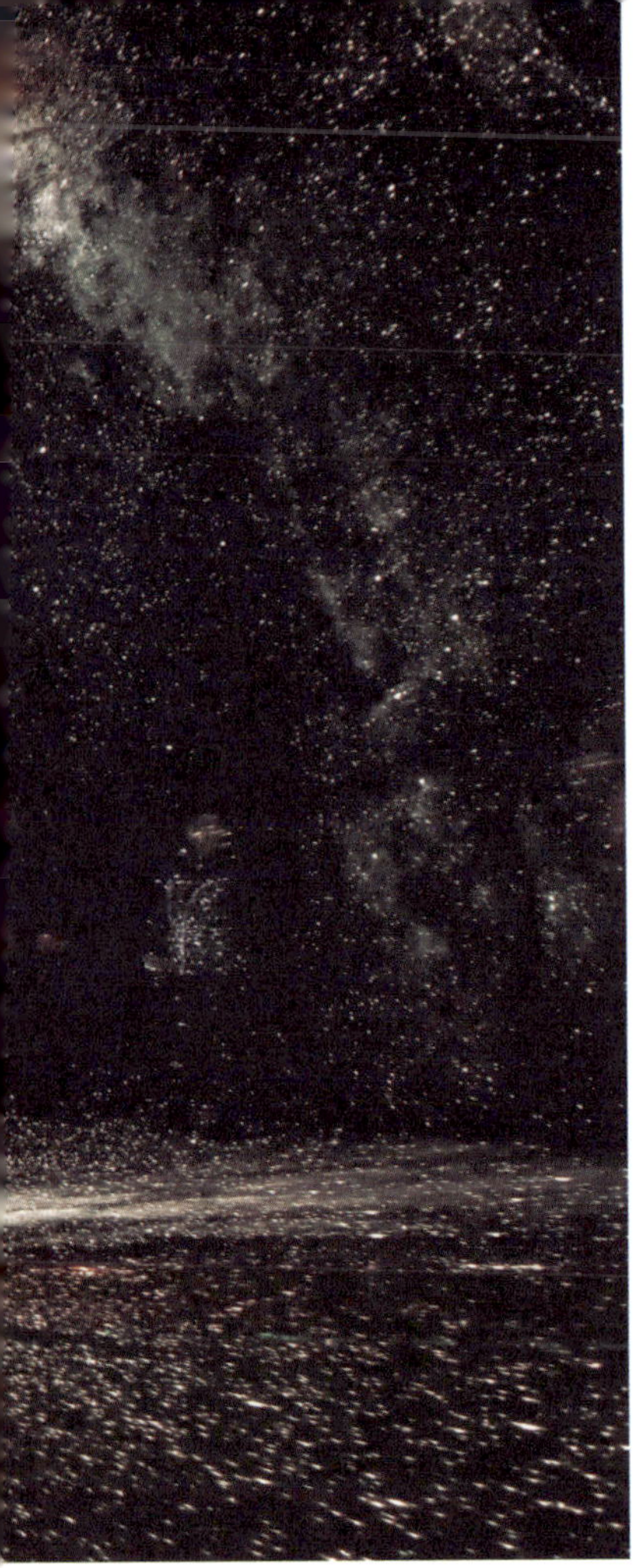

体験時期　通年（宇宙芸術祭は秋開催）

1月 2月 3月 4月 5月 6月 7月 8月 9月 10月 11月 12月

1日	誰でも

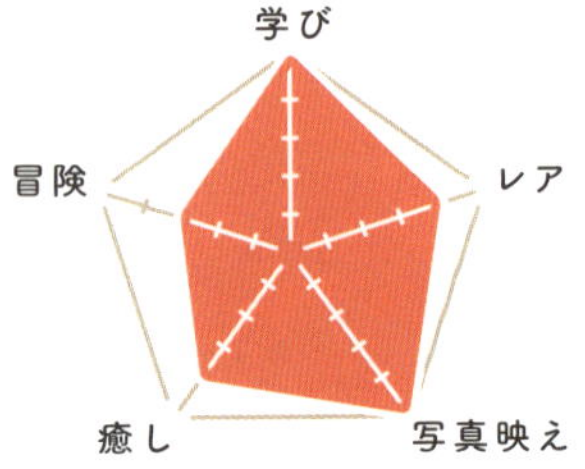

日本の歴史で、鉄砲伝来や異国・異文化との交流の地として知られる種子島。秋になると種子島宇宙芸術祭が開催されます。歴史や伝統、大自然、そして未来への挑戦といえる宇宙科学をテーマにした日本

自然がつくった洞窟で プラネタリウム、 幻想的世界を体験

唯一の芸術祭です。

　夜に始まる光のエンターテインメント「星の洞窟」は圧巻。〝千《ち》座《くら》の岩屋〟と呼ばれる海沿いにある巨大な洞窟を、「MEGASTAR-Ⅱ」を使ってプラネタリウムにしたアートで、実際に宇宙に飛び出して、360度を星に包まれるような新体験に陶然とします。

　日中は、種子島宇宙センターへ。宇宙科学技術館では、ロケットや人工衛星の模型や実物、最先端研究の展示などがあり、施設案内ツアーに参加すれば、本物のロケットの部品が保管されているガレージなど、一般立ち入り禁止区域にも行けます。遥か遠い宇宙が身近に思えて、知的好奇心もうんと満たされます！

大自然と融合した宇宙的アート 宇宙科学に出合う

宇宙に近い島で、宇宙を感じる体験をするため「世界で一番景色が美しい発射場」と謳われる種子島宇宙センターへ行き、予約していた施設案内ツアーに参加しました。バスに乗り、海が見える大型ロケット発射台や、ロケットガレージ、テレビや映画で見たことがある総合指令棟管制室などを見学。同じ日本とはいえ、どこか遠い存在だったJAXAが急に身近に感じられ、今後の打ち上げが一層楽しみになりました。

夜は、種子島宇宙芸術祭のメインイベントがある千座の岩屋へ。洞窟内はまるで宇宙そのもの。天も地も、360度を1000万個の星屑が覆い、超幻想的。これは、プラネタリウム・クリエーターの大平貴之氏が開発した光学式プラネタリウム「MEGASTAR-Ⅱ」を使い、従来の1000倍以上の星を投影しているそうです。宇宙の奥行きや広がりまで実体験できるような新感覚アートは、体験する価値アリ！

洞窟の奥はバーになっていて、演出された光の空間の中で一杯飲みながら、壮大な宇宙を思って恍惚感に浸れます。

✓ ポイント2

実物のロケットの大きさを見学！

本物のH-IIロケットが打ち上げ中止になり、保管されています。第一段機体と第二段機体など全部組み立てると、長さ50m、重さ260t。機体は直径4mで、大型観光バスがすっぽり入る大きさ。そのうち90%は燃料なので、ロケット自体は軽いそうです。

✓ ポイント1

宇宙船の中で写真が撮れる？

宇宙科学技術館の中には、「きぼう」の実物大モデルがあり、中は無重力状態を演出した展示がされていて、宇宙飛行士さながらの写真を撮ることができます。うまく無重力空間にいるようなポージングをとるにも、工夫が必要。カメラを傾けて撮ると、それらしく写ります。

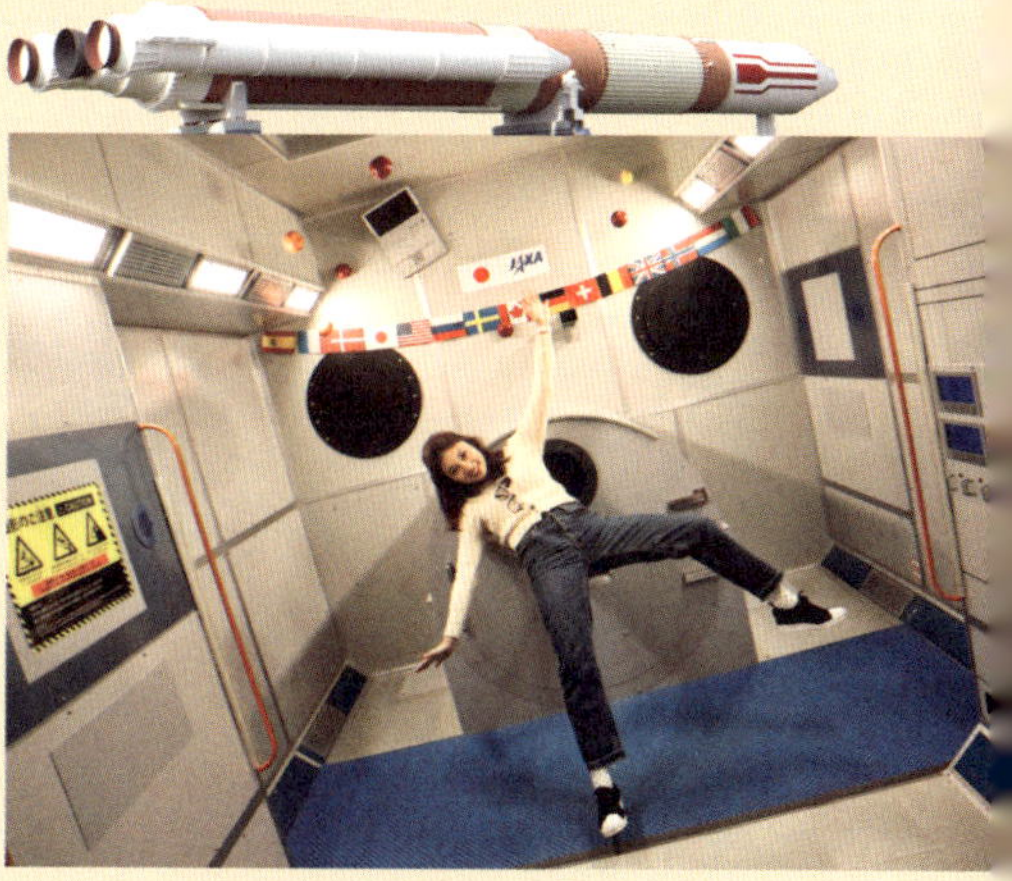

周辺情報

ラーメンも宇宙的アート

種子島宇宙センターの近くに、おかざき商店というラーメン屋さんがあります。ここの目玉は、アートさながらの「宇宙ラーメン」。星屑を表現したあられがちりばめられていて、具材もボリューム満点！とろとろのチャーシューが美味しい。

種子島宇宙センター 宇宙科学技術館

鹿児島県熊毛郡
南種子町茎永麻津
☎0997-26-9244
¥無料
時ツアーは11:00〜/13:30〜/15:30〜
他ツアーへの参加は、事前に電話予約を

種子島宇宙芸術祭

鹿児島県熊毛郡南種子町中之上2420-1
☎0997-22-9119
（芸術祭インフォメーションセンター）
¥1,500円（星の洞窟）
時毎年開催時期が異なるので事前に確認を
他星の洞窟は、事前にオンラインチケットを購入
星の洞窟内での撮影には三脚必須

AREA » 鴨川シーワールド

非日常の世界へ

海の中で眠り 魚と泳ぐ夢をみる、水族館でナイトステイ

» 千葉

体験時期　11月

1月 2月 3月 4月 5月 6月 7月 8月 9月 10月 11月 12月

一泊二日

18歳以上
（高校生を除く）

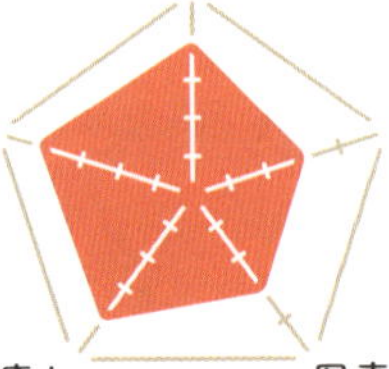

海の中を泳ぐ魚の気分になって眠り、翌朝目覚めると、巨大なエイやトラフザメ、アジやフエダイの群れが、悠々と空を舞うかのごとく泳いでいる光景が目に飛び込んでくる。まだ、醒めない夢の続きを

水族館に泊まれば、大人も童心にかえる夢心地な一夜

見ているよう……。

巨大な水槽を前にして、そんな幻想的な世界に浸りながら一夜を過ごす〝大人のナイトステイ〟が、千葉県の水族館、鴨川シーワールドで体験できます。水族館の閉館時間から翌日の開館時間まで、しんと静まり返った館内をスタッフ案内のもと見学。夜の魚の暮らしや施設の裏側を見学したり、特別にシャチのスペシャルパフォーマンスが開催されたり。日中は大人気のベルーガ（シロイルカ）に参加者全員がタッチできるなど、大人がはしゃいでしまう盛りだくさんの体験が目白押し！　一夜にして、水族館の楽しみ方の新境地に出会った気分。日頃の疲れがふっと消え去ります。

AREA » 鴨川シーワールド

静まりかえった夜と早朝の水族館を探検する、大人の遠足

16時、水族館の閉館時間少し前に参加者が集合して、〝大人のナイトステイ〟が始まります。普段は立ち入り禁止の施設内で、水族館の発電装置や飼育に使う水槽、採集用具など興味津々の舞台裏を見学します。そして夜になって眠る魚やペンギン、逆に夜行性で活動する魚などを観に、ナイトアドベンチャーさながらに夜の水族館を練り歩きます。真っ白な体のイルカ、ベルーガは、人慣れして愛嬌たっぷり。一緒に写真を撮ってもらえるサービスも嬉しい！

その後、日本ではここでしか見ることができない、シャチのスペシャルパフォーマンスショーを観覧。トレーナーと一心同体のパフォーマンスは圧巻です！　飼育員と交流できる夕食会の時、シャチの担当者に聞いた話によると、「シャチは撫でられるのが好き。些細なことでも褒めてあげると、頑張ってくれる」のだとか。

就寝時、トロピカルアイランド・エリアにある巨大な水槽の前で、シャチモチーフの可愛い寝袋に潜り込むと、気分はシャチ。大人の遠足みたいでわくわくしっぱなしです！

ポイント 1

飼育員と交流できる夕食会

大人のナイトステイで最も興味深かったのは、飼育員と一緒にとる夕食。地元の食材にこだわったセミコース料理に舌鼓を打ちながら、シャチやくらげなど、各担当の生き物に対する深い愛情を感じたり、ここでしか聞けない飼育の裏話を聞いたり、贅沢な時間を過ごせます。

ポイント 2

朝食の前、シャチに「おはよう」

レストランはシャチのプールと隣合わせのため、朝食の時、シャチが「おはよう」と挨拶に来てくれるかのごとく窓越しに覗き見してきます。健康的でボリューミィな朝食の傍ら、シャチが優雅に泳ぐ姿が見られて、お腹だけでなく心も満たされます。シャチは館内に4頭いて、みんな性格が違うのだそう。

ポイント 3

水族館の早朝の日課を見学

開館前、参加者はオーシャンスタジアムで毎日行われているシャチの健康状態をチェックする様子を見学することができます。ざぶん、ざぶんと泳ぐ姿や、飼育員に尿をとられる様子は、ショーを見ているよう。夕食会でお話を聞いた飼育員もいて、親近感がぐっと湧きました。

鴨川シーワールド

千葉県鴨川市東町1464-18
☎04-7093-4803
¥15,000円
（寝袋のレンタルは1,080円）
時15:45～翌9:00
他要予約。開催日は要確認。女子限定や、ファミリーで参加できるナイトステイも開催あり

非日常の世界へ

黄色い菜の花に包まれて、グルメ列車で贅沢ランチ

» 千葉

体験時期　通年（菜の花は3月土日）

1月 2月 3月 4月 5月 6月 7月 8月 9月 10月 11月 12月

2時間半

小学生以上

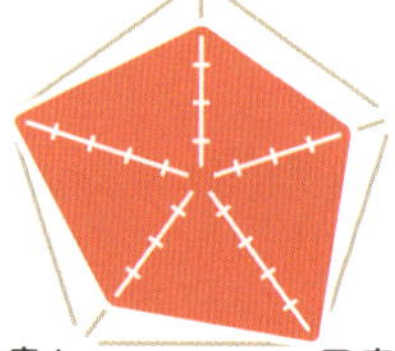

AREA »

いすみ市・大多喜町

線路沿いに広がる黄色い菜の花畑の間を縫うように、ゆっくりと走る列車に乗って、美味しいランチを食べながら春の訪れを感じる。そんな夢のような時間を過ごせるのが、千葉県の房総半島にあるいす

地産地消のグルメを堪能しながら春の訪れを楽しむ

み市と大多喜町《おおたきまち》を走る、いすみ鉄道です。昭和の国鉄形気動車キハ28を食堂列車「レストランキハ」として、ランチクルーズを運行。地元のイタリアンレストランによる、地産地消のコース料理を堪能します。メインは伊勢海老！いすみ市の大原には、伊勢海老の水揚げ量が日本一にもなった大原漁港があります。

大多喜駅から乗車して、コースがスタート。美味しい食事やワインを堪能しながら、車窓から眺める景色は牧歌的で、ほのぼの。線路沿いに咲き乱れる菜の花は、線路に敷かれた黄色い絨毯のようで美しい。忙殺された日常から解放されて、穏やかな春の日をのんびりと楽しむことができました。

AREA » いすみ市・大多喜町

地元愛が詰まった、幸せローカル鉄道の美味しい旅

いすみ鉄道大多喜駅の窓口で、「観光急行 キハレストラン号座席指定券」と「自由席急行券付1日フリー乗車券」を受け取り、キハ28に乗車。昭和39年に国鉄が製造した急行形気動車で、平成23年まで富山県の高山本線を走っていました。長い歴史を歩んだキハ28に乗れるだけでも、感激！

大原駅と上総《かずさ》中野《なかの》駅を結ぶ14駅区間を折り返し運行しながら、ゆっくり2時間半をかけていただくコース料理は、スパークリングワインから始まり、地元で獲れた魚介類のマリネとスープ、アワビとイクラのトマトクリームパスタ、メインに伊勢海老と魚介のブローデット（魚介のトマト煮込み）など、どれも絶品。

その間、車内では「左手に菜の花がご覧いただけます」など見所を知らせる観光アナウンスがあり、車窓からは美しい世界が広がります。隣のテーブルにいた参加者が「一時は廃線かといわれたいすみ鉄道がこんなに盛り上がって、感動するね」とにっこり。

ホームはどこも撮り鉄、乗り鉄でいっぱい。菜の花も嬉しそうに風に揺れていました。

ポイント1

季節ごとに楽しめる車窓からの景色

3月には菜の花が満開になり、その後桜が咲くと、菜の花と桜のコラボレーションが美しい景色に。初夏には紫陽花、晩秋には紅葉、冬には春を告げる椿や梅が車窓から楽しめます。昭和から走るローカル鉄道に乗って、四季を楽しむ優雅な時間を過ごしてみてはいかがでしょう。

ポイント2

名産伊勢海老を活かしたコース料理

レストラン列車が始まったのは2013年。全国的に伊勢海老の屈指の産地であることから「伊勢海老特急」とも謳われています。レストラン・キハでは専属の乗務員が料理を運んでくれます。アメリカン航空セレクションのワインはおかわり自由。ただし、電車が揺れるので酔いに注意！

いすみ鉄道

千葉県夷隅郡大多喜町
大多喜264
☎0470-82-2161
¥16,000円
時11:50〜14:22(時期によって変動あり)
他要予約。インターネットまたは旅行代理店窓口で予約を

周辺情報

写真撮影の一押しスポット

「電車と菜の花」の構図で写真を撮るなら、上総中川駅から歩いて10分の大野入口交差点付近がおすすめ。菜の花が咲き乱れる崖の下から電車を撮ることができます。私も、1日フリー乗車券を使って上総中川駅まで行き、撮影に挑戦。電車もスピードを落としていますが、撮影には連写モードが最適です。

非日常の世界へ

日本一の猫密度を誇る猫の島で、猫にまみれる

愛媛

体験時期　通年

1月 2月 3月 4月 5月 6月 7月 8月 9月 10月 11月 12月

1～8時間程度（船の便による）	誰でも

AREA »

青島

猫好きにとって、旅先で猫に出会えるのは最高の癒し。私もそうですが、最近は猫に会うために旅をしている人も増えているそうです。特に、猫は島にいることが多く、「猫島」という言葉もあるほど。

猫島の最高峰と謳われる青島へ、猫だけを目的に向かう

そんな猫島を巡る人たちが、一度は訪れたいという場所が、愛媛県の青島です。周囲約4㎞の小さな島に、現在人口11人と推定200匹の猫が暮らしており、猫密度は日本一！　ただ、青島は周りを深い海に囲まれ、風の強い日には船が欠航することも多く、来島が難しい秘境の島。されど来島できれば、そこは楽園。島には観光名所も商店も宿もなく、ただ猫がいるだけなのです。

桟橋から猫が熱烈歓迎の出迎えをしてくれて、気づけば足元は無数の猫たちに囲まれます。ご飯のほしい猫たちに存分にかまってもらえて、猫にとことんまみれたい人の夢が叶います！

AREA »

青島

類い稀な猫の世界に浸り、ほっこり幸福感に満たされる

青島へは、伊予長浜駅から港へ歩いて5分、定期船「あおしま」へ乗り込み、出航すること35分で着きます。港に近づくと、船に気づいた猫たちがとことこと集まってきて、桟橋はすでに猫だらけ。その後、ご飯を持ち合わせた観光客が「餌やり場」へと向かうので、猫たちも一斉に移動を始めます。

観光客からご飯をもらいたい一心の猫たちは、背中や膝に飛び乗ってきて、必死におねだり。こちらを一途に見つめてくる無数の瞳に、猫好きならノックアウト必至！　茶トラ、黒、サビ、キジトラと、足元はまるで猫の絨毯が広がるがごとく。

滞在は、朝の1便で来ると約8時間あるので、お弁当を持参して、猫社会をじっくり観察するのも面白いし、空き家が多くても情緒的な雰囲気の集落をゆっくりと散策するのもいい時間。お地蔵様の横や空き家の中から猫がひょっこり覗いてきて、どこを歩いても猫に出くわすのが嬉しい限り。時折、島のおばあちゃんに甘える猫たちの姿も見られ、心がほっこりと多福感に包まれます。

ポイント1

餌やりは
決められた所で

青島で、猫にご飯をあげていい場所は、港を背にして左手にある「餌やり場」だけ。猫たちもそれをわかっているので、餌やり場は最も猫が多く集まるエリアでもあります。島の方や地元の関係者は、時として餌やり場以外でも与えていますが、観光客は必ず島のルールを守りましょう。

ポイント2

猫の島と呼ばれるのは、
猫を愛する島の人がいるから

青島の猫たちには、首輪をしていたり、名前がつけられている猫も多くいます。島のおばあちゃんが猫を大事にし、猫たちが甘える光景は幸せそのもの。ちなみに青島の猫は、島に高齢者が多く、今後面倒を見る人がいなくなる可能性があるという理由で、昨年、全頭避妊去勢が行われました。

ポイント3

土日なら早朝にチケットをゲットすべし

国内外から観光客がやってくる青島へ行く船は思いの外小さく、1日2便しかありません。必ず行きたいなら、8時の便に乗ること。島での滞在時間が8時間近くになりますが、午後便だと乗れない可能性も。土日は船のチケットが売れ切れる場合もあるので、1時間前（7時頃）から並ぶと◎。

定期旅客船「あおしま」

愛媛県大洲市長浜町青島
☎なし
¥大人（12歳以上）片道680円
　小人（6歳以上12歳未満）片道340円
時 1便8:00〜/2便 14:30〜（長浜発）
他 乗船券は予約不可（当日券のみ）
　島には商店がないので、飲食物の持参必須
　島民の生活を妨げないよう、配慮しましょう

パイロットになって、
いつかみた憧憬の世界を
体験する

非日常の世界へ

自分で飛行機を操縦、美しい空へ飛び立つ

≫ 東京

PILOT

体験時期 通年

1月 2月 3月 4月 5月 6月 7月 8月 9月 10月 11月 12月

30分

8歳以上

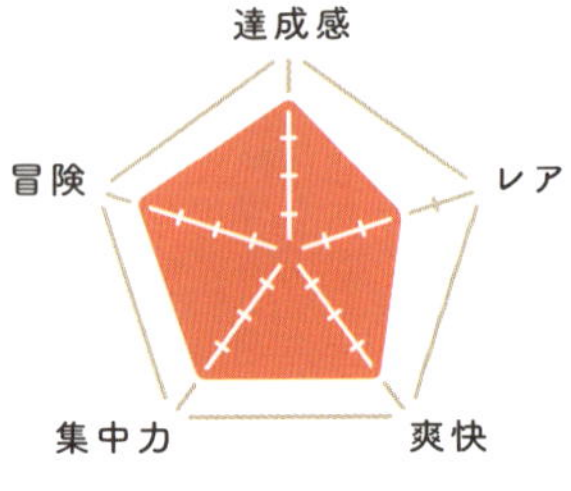
達成感
レア
爽快
集中力
冒険

AREA » 羽田

幼少の頃、パイロットになりたいと思っていた人は、少なくないでしょう。私は大人になり、飛行機に乗るようになってから、そう思うことがしばしばあります。

東京・羽田にあるLUXURY

FLIGHTでは、実際のボーイング機と同じものを使ったシミュレーターのコックピットがあり、自分で飛行機を操縦するフライト体験ができます。コースは様々で、私はハワイ島からオアフ島まで、空が最も美しいマジックアワーのフライトを体験しました。

操縦桿《かん》を握り、エンジンを加速させて、離陸する。高度が上がったら、ベルトサインのアナウンスを流す。前方には、海に沈んでいく太陽。コックピットから眺める空は、格別美しい！　ホノルルの街並みが姿を現し、着陸態勢に入ると、やがて滑走路が見えてきました。

叶わぬと諦めていた夢が叶ったような瞬間に、心が躍ります！

これからの旅が一層楽しくなる、飛行機の舞台裏

私は「美しい空の世界を体験したい」と、夕暮れ時にフライトする〝ハワイ島のカフルイ空港からオアフ島のホノルル国際空港まで〟のコースをチョイス。コックピットは本物をそっくりシミュレーター用につくり変えてあるだけなので、とても臨場感があります。

いよいよ、機長となって飛び立つ時がきました。副機長はLUXURY FLIGHTの中澤さん。しっかりとアシストしてもらいながら、ほぼすべて自力で飛行機を操縦します。

操縦桿を握って、離陸。すぐに車輪をしまって、高度を一気にあげていきます。その後、離陸に使ったフラップ（高揚力装置）を動かしてから、ベルトサインのアナウンスボタンを押します。前方の景色はみるみる変わり、ぽんぽんと広がる雲と、眩しく大きな太陽が。まるで、本当に空を飛んでいるみたい！中澤さんの指示通りに操縦桿を握って減速し、無事に着陸できた暁には気分爽快！

体験しながら、パイロットが普段どのように操縦しているのかがわかり、今後の実際の旅が楽しくなりそうです。

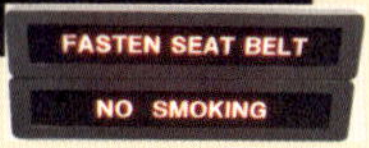

ポイント 1

滑走路へ無事に着陸するコツは?

離陸よりも着陸の方が難しいと感じたフライト体験。実際のフライトも、着陸の方が技術的には難しいとか。「限られた長さの滑走路に降りるために、早めに減速し、降下角度を調整します」と中澤さん。初心者でも、中級・上級コースはアシストによって体験可能なので、問い合わせを。

ポイント 2

本物のパイロットも自主トレに来る

LUXURY FLIGHTには実際に大勢のパイロットが試験前の自主トレや、エンジン火災の訓練など（一般のお客様には提供しておりません）をしに来ているそうです。時には課題や悩みなどを打ち明け、ここで中澤さんと一緒に考えて解決策を見つけて行く人も。ほかにも、業種の違う運転手さんや、幼少期の夢を叶えに来る人がたくさんいるそう。

LUXURY FLIGHT 羽田本店

東京都大田区羽田5-11-1
コクコビル羽田1F
03-6423-7371
¥10,800円(30分コースの場合)
時 10:00～20:00
他 要予約。コース・料金は様々なので、要確認

ポイント 3

機内のような受付と充実したお土産グッズ

LUXURY FLIGHTの受付は、まるで飛行機に搭乗したみたいな内装。実際にシートがあり、入った瞬間からわくわく。お土産コーナーも充実していて、飛行機マニアは、モデルプレーンやオリジナルグッズを買いに来るそうです。Tシャツやステッカー、ぬいぐるみなどもおすすめ。

非日常の世界へ

清津峡渓谷トンネルで、自然とアートを体感する

≫ 新潟

体験時期　通年

1月 2月 3月 4月 5月 6月 7月 8月 9月 10月 11月 12月

2時間　誰でも

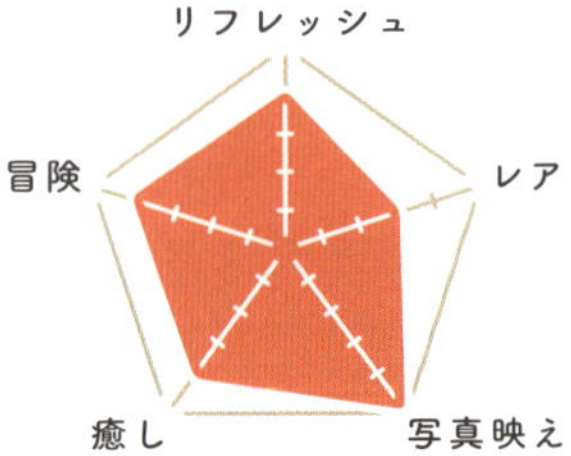

AREA ≫ 清津峡

日本三大渓谷の一つ、新潟県十日町の清津峡《きよつきょう》に芸術トンネルがあります。清津峡は国立公園に指定されていますが、落石の危険性が指摘され、1988年以降渓谷の散策は不可能に。その後、1996年

自然と人が織りなす日本で最も魅惑的なトンネルを歩く

に渓谷を安全に鑑賞するための「清津峡渓谷トンネル」が建設されました。そして2018年、新潟県妻有《つまり》地域で開催される大地の芸術祭に合わせてトンネル内にアート作品が常設され、渓谷美と芸術作品の見事なコラボレーションを見せる前代未聞のトンネルアートとして生まれ変わったのです。

　長いトンネルは奥に進むほど、異空間へと変わります。途中で3箇所の見晴らし台とパノラマステーション、そして斬新奇抜なアートがあり、外を覗けばダイナミックな柱状節理の岩肌、清らかな流れの清津川が間近に迫ります。自然を満喫しながら見る壮大なスケールの芸術トンネルは、圧巻です！

AREA » 清津峡

異次元空間へと誘われる、潜水艦に見立てた体感型アート

十日町の美しい田園風景を通過して、静かな山間の清津峡渓谷へ到着。トンネルの入り口で受付をして奥へと進むと、仄暗《ほのぐら》いトンネルは、音楽と緑の光の演出によりミステリアスな雰囲気の空間に変わります。その後、オレンジ、赤、青など5色の光に変化して、歩きながらその「作品」を体感します。途中、所々に清津峡の自然や成り立ちなどを紹介する展示スペースも。

見所は、3箇所の見晴所。特に第3見晴所は、天井にゆがんだ雫のような鏡がいくつも設置され、赤い光を放ち、火星をイメージしたアートで斬新！　終点のパノラマステーション「トンネル・オブ・ライト」は、下に水が張られ、全体に外の景色が転写されるような仕掛けが。まるで渓谷の中にぽんとテレポーテーションした気分。

全長750mに及ぶ壮大な芸術トンネルは、世界的に活躍する中国の建築家マ・ヤンソン氏が率いる建築事務所MAD Architectsによる設計とデザイン。清津峡の美しさを感じる一方で、未知なる空間に誘われ、好奇心に駆られながら全身でアートを楽しみました！

ポイント1

トンネルの アートイメージって？

MAD Architectsによる芸術トンネルは、実は長い潜水艦に見立てられています。見晴所とパノラマステーションは潜望鏡をイメージした場所。自然の美しさや人との共生、その関係を今一度喚起するコンセプトだそう。トンネル内はバリアフリーなので、車椅子やベビーカーでも安心。冬場の雪景色なども、気軽に楽しめます。

ポイント2

奇抜なトイレ・アートを体験

第2見晴所の中央に置かれたアルミ製のドームは、スリッパに履き替えて入ることができます。なんと、中には普通のトイレが。しかも中からは、外が丸見えで、真正面に渓谷の柱状節理を見ることができます！　もちろん、外から中は見えません。少しドキドキの、奇想天外なアートです。

ポイント3

エントランス施設の 足湯も忘れずに！

清津峡渓谷トンネル手前にあるエントランス施設の2階には、無料の足湯があります。天井には丸い鏡があり、光の屈折を利用して外の清津峡の景色を映し出していて新鮮。これも、MAD Architectsによる「潜望鏡」をイメージしたアート作品です。

清津峡渓谷 トンネル管理事務所

新潟県十日町市小出癸2126
025-763-4800
¥600円
時8:30～16:30
他予約不可

季節別 INDEX

秋			冬		
9月	10月	11月	12月	1月	2月

温泉に浸かり、雲海を愛でる

水族館でナイトステイ
（千葉・鴨川シーワールド）» P114

冬の秩父夜祭で屋台観覧
（埼玉・秩父）» P88

京都の遊覧船で紅葉を味わう
（京都・嵐山）» P92

雪原を駆ける犬ぞり体験
（群馬・みなかみ）» P28

幻の氷の村
（北海道・然別湖）» P66

絶景の流氷ウォーク
（北海道・知床ウトロ）» P32

1年中体験できるもの

- マングローブ原生林でカヌー体験
（鹿児島・奄美大島）» P54
- 1日数時間だけ現れる幻の島に上陸
（沖縄・浜島）» P58
- 南の島の鏡ばりの美しい海でリフレッシュ
（沖縄・西表島）» P62
- 黒い砂漠、雄大な火山をトレッキング
（東京・伊豆大島）» P70
- 悠久の歴史を感じる佐渡金山
（新潟・佐渡島）» P80
※山師ツアーは4～11月
- 神秘的な体験ダイビング
（沖縄・阿嘉島）» P24

- 神秘のケイビング、洞窟探検
（鹿児島・沖永良部島）» P36
- 超ワイルドな海中露天風呂
（東京・式根島）» P42
- 異国めいた草原をホーストレッキング
（沖縄・与那国島）» P50

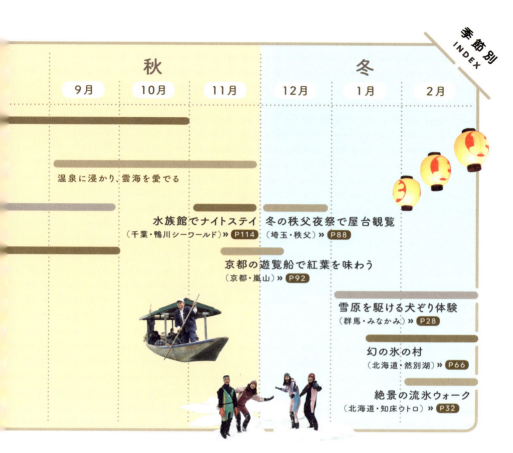

春

3月 4月 5月

夏

6月 7月 8月

太平洋でイルカと泳ぐ（東京・御蔵島）» P20

温泉に浸かり、雲海を愛でる（新潟・十日町）» P46

秘境中の秘境、トカラ列島（鹿児島・口之島）» P74

四万ブルーの世界でキャニオニング
（群馬・四万川）» P16

雪原を駆ける犬ぞり体験

幻の氷の村

絶景の流氷ウォーク

- 宇宙に近い島で、宇宙を感じる
（鹿児島・種子島）» P110
※宇宙芸術祭は秋開催
- 黄色い菜の花に包まれる、グルメ列車
（千葉・いすみ市・大多喜町）» P118
※菜の花は3月
- 猫の島で猫にまみれる
（愛媛・青島）» P122
- 飛行機を操縦、美しい空へ飛び立つ
（東京・羽田）» P126

- 清津峡渓谷トンネル
（新潟・清津峡）» P130
- 霧島神宮を和服で参拝
（鹿児島・霧島神宮）» P84
- 漁船に乗ってイカ釣り体験
（福井・越前）» P96
- 世界に一つの江戸切子づくり
（東京・浅草）» P100
- 草津温泉で落語を聴く
（群馬・草津温泉）» P104

staff

文・写真／小林 希
写真（著者が写っているもの）／
ガイドさん、現地の方、一緒に旅した友人、自撮り
デザイン／細山田デザイン事務所
校正／聚珍社
編集／安田 遥（ワニブックス）

大人のアクティビティ！
日本でできる28の夢のような体験

著者　小林 希

2019年7月4日　初版発行

発行者　横内正昭
編集人　青柳有紀
発行所　株式会社ワニブックス
〒150-8482
東京都渋谷区恵比寿4-4-9　えびす大黒ビル
電話　03-5449-2711（代表）
03-5449-2716（編集部）
ワニブックスHP　http://www.wani.co.jp/
WANI BOOKOUT　http://www.wanibookout.com/

印刷所　株式会社光邦
DTP　株式会社オノ・エーワン
製本所　ナショナル製本

定価はカバーに表示してあります。
落丁本・乱丁本は小社管理部宛にお送りください。送料は小社負担にてお取替えいたします。ただし、古書店等で購入したものに関してはお取替えできません。

ISBN 978-4-8470-9811-6